Martin Michael Seifert

Epochen der Musik: Neue Musik

Projekte zu Leben und Werk von Schönberg, Riley und Henze

D1727952

verlag

Meinem Vater, Prof. Dr. Herbert Bruhn, Dr. Christel Steffen, Franziskus

Danken möchte ich den Schülern meiner Wahlpflichtkurse der 8. und 9. Klasse im Fachbereich Ästhetische Bildung an der Heinrich-Heine-Schule in Büdelsdorf und allen Menschen, die mich durch ihr Interesse an meiner Arbeit unterstützt haben.

Hinweis: Der besseren Lesbarkeit halber sprechen wir meist nur von Lehrern, Schülern usw. Natürlich meinen wir damit auch die Lehrerinnen, Schülerinnen usw.

Impressum

Epochen der Musik: Neue Musik

Martin Michael Seifert, geboren 1976, hat an der Christian-Albrechts-Universität zu Kiel studiert. Derzeit unterrichtet er an der Heinrich-Heine-Schule in Büdelsdorf die Fächer Musik und Deutsch. Neben der Fachleitung Musik liegt sein Schwerpunkt auf der Musicalarbeit. In den letzten Jahren sind im AOL-Verlag mehrere Publikationen erschienen: „Bühne frei für unser Schulmusical – Leitfaden und Profitipps", Bühne frei für unser Schulmusical „Das kalte Herz" und der Bestseller „Lernzirkel Musik: Instrumentenkunde". 2017 erschien sein Musical „Störtebeker – Gottes Freund und aller Welt Feind". Nebenberuflich ist er als Chorleiter verschiedener Ensembles tätig.

1. Auflage 2019
© 2019 AOL-Verlag, Hamburg
AAP Lehrerfachverlage GmbH
Alle Rechte vorbehalten.

Veritaskai 3 · 21079 Hamburg
Fon (040) 32 50 83-060 · Fax (040) 32 50 83-050
info@aol-verlag.de · www.aol-verlag.de

Redaktion: Janina Zielecki
Lektorat: Silwen Randebrock, Berlin
Layout/Satz: Satzpunkt Ursula Ewert GmbH, Bayreuth
Cover: © lembit – stock.adobe.com

ISBN: 978-3-403-10519-0

Engagiert unterrichten. Begeistert lernen.

Inhaltsverzeichnis

Inhaltsverzeichnis

CD-Trackliste

CD	Inhalt	Länge
1	Arnold Schönberg, „Piano Suite, op. 25" Trio	0:37
2	Terry Riley, „In C" (Ausschnitt)	2:00
3	Martin M. Seifert, „Bewusst – sein", Part I	2:29
4	Martin M. Seifert, „Bewusst – sein", Part II	2:59
5	Martin M. Seifert, „Bewusst – sein", Part III	2:26
6	Terry Riley, „In C" (Ausschnitt)	0:30
7	M.M. Seifert, „Bewusst – sein", (Ausschnitt Part II)	0:29
8	Steve Reich „Clapping Music"	0:29
9	Steve Reich, „Music for 18 Musicians", Nr.10	0:29
10	Steve Reich, „Drumming" (Part I)	0:29
11	Steve Reich, „Piano Phase"	0:29
12	Steve Reich, „Music for pieces of wood"	0:29
13	Arnold Schönberg: Ein Überlebender aus Warschau	0:30
14	Arnold Schönberg: „op. 33a"	0:29
15	Arnold Schönberg, „Op. 19"	0:29
16	Terry Riley, „In C", Kleerup Remix	0:29
17	Philipp Glass, „Opening"	0:30
18	Philipp Glass, „Metamorphosis I"	0:30
19	Philipp Glass, „Mad Rush"	0:30
20	John Cage, „Music for prepared piano"	0:30
21	Arvo Pärt, „Spiegel im Spiegel", für Cello	0:30
22	Arvo Pärt, „Für Alina"	0:30
23	Arvo Pärt, „Fratres", Streichquartett	0:29
24	Kurtag, signs, games and ... (Perpetuum mobile)	0:29
25	Hörübung 1 – Repertoire „Neue Musik"	5:09
26	Hörübung 2 – Repertoire „Neue Musik"	5:08
27	Hörübung 3 – Repertoire „Neue Musik"	5:08
28	Hörübung 4 – Repertoire „Neue Musik"	5:08
29	LEK Hörübung 5 – „Neue Musik" (TOP 1–10)	5:08
30	Hörübung 6 – Repertoire „Neue Musik"	5:03
31	Hörübung 7 – Repertoire „Neue Musik"	5:02
32	Hörübung 8 – Repertoire „Neue Musik"	5:02
33	Hörübung 9 – Repertoire „Neue Musik"	5:04
34	LEK Hörübung 10 „Neue Musik" (TOP 11–20)	5:03

Vorwort

Liebe Kolleginnen und Kollegen,

Neue Musik ist seit jeher wirkungsvoll und polarisiert stark, sowohl beim Publikum als auch bei den ausführenden Musikern. Diese Tatsache muss man bei der Beschäftigung mit der Neuen Musik unbedingt berücksichtigen, weil die meisten Menschen zunächst vom klassischen und mitteleuropäischen Klangideal geprägt sind. Neue Musik bedingt eine neue Hörkultur und einen anderen Zugang, eine ganz neue Offenheit für die Musik. Vielleicht ist diese Beschäftigung mit Neuer Musik auch ein Beitrag zum Thema Toleranz gegenüber Neuem oder Fremden, gerade in der heutigen Zeit.

Mit dieser Veröffentlichung zur Epoche der „Neuen Musik" möchte ich neue Impulse und Ideen für einen motivierenden und zeitgemäßen Musikunterricht geben und Ihnen durch ausgearbeitete Arbeitsbögen und gut umsetzbare Aufgabenstellungen die tägliche Unterrichtsarbeit erleichtern. In den Projekten dieses Buches treffen bekannte Komponisten der Neuen Musik auf innovative Unterrichtsprojekte. Drei Einheiten zeigen, wie man z.B. die omnipräsenten Smartphones ohne viel Aufwand als „Musikinstrumente" im Musikunterricht einsetzen kann. In erster Linie möchte diese Veröffentlichung die Berührungsangst vor Neuer Musik im Unterricht nehmen und zeigen, wie spannend und interessant die aktive Beschäftigung mit den Kompositionsmethoden ist und welches enorme kreative Potenzial für Schüler der Sekundarstufe darin steckt. Die Schüler sollen aktiv in der gesamten Lerngruppe musizieren. Dafür benötigen sie gleichermaßen das traditionelle Schulinstrumentarium als auch die entsprechenden musiktheoretischen Grundlagen, die auch in den drei Projekten Berücksichtigung finden.

Die Unterrichtsprojekte bestehen aus theoretischen und praktischen Aufgaben, die ohne große Vorbereitung im Unterricht umgesetzt werden können. Die Schüler sollen, auch mithilfe von Smartphones und Internet, in die Welt der Neuen Musik eintauchen, sich Wissen aneignen, mit den ausgewählten Werken experimentieren und „Neues" schaffen. Ich hoffe, dass die drei Unterrichtsprojekte zu Arnold Schönberg, Terry Riley und Hans Werner Henze das Interesse Ihrer Schüler wecken und dass die aktive Beschäftigung mit der Neuen Musik dazu beiträgt, die lebenslange Freude an der Vielfalt der Musik zu erhalten. Auch der Bereich Leistungsmessung soll an dieser Stelle erwähnt werden. Ich habe mich entschieden, Vorschläge für Inhalte einer möglichen Lernerfolgskontrolle zu machen, aus denen dann die Lehrkraft am Ende der Einheit die behandelten Aspekte individuell auswählt. Eine Differenzierung kann dann über das Niveau, den Umfang und das Fragenformat erfolgen.

Die Lösungen zu den Aufgaben im Buch finden Sie ab S. 62.

Ich wünsche Ihnen viel Freude bei den Neue-Musik-Stunden!

Martin M. Seifert

Name: _____   Datum: _____

Gehörbildung zu ausgewählten Werken der Neuen Musik

Bevor eine Übung schriftlich durchgeführt wird, sollte der Lehrer als Wiederholung einmal die Stücke in der gedruckten Reihenfolge anspielen.

Aufgabe: Finde zu jedem Werk ein passendes Merkwort. Trage bei den Übungen die Reihenfolge (1–10) der gehörten Werke ein.

Werkbezeichnung (Ausschnitte) Teil I	Merkwort (persönlich)	Übung 1	Übung 2	Übung 3	Übung 4
Arnold Schönberg, „Piano Suite op. 25", Trio					
Terry Riley, „In C"					
Martin M. Seifert, „Bewusst-sein" (aus Part III)					
Steve Reich, „Clapping Music"					
Steve Reich, „Music for 18 Musicians", (Nr. 10)					
Steve Reich, „Drumming", Part I					
Steve Reich, „Piano Phase"					
Steve Reich, „Music for pieces of wood"					
Arnold Schönberg: „Ein Überlebender aus Warschau"					
Arnold Schönberg: „op. 33a"					
		Punkte:	Punkte:	Punkte:	Punkte:

Teil II		Übung 6	Übung 7	Übung 8	Übung 9
Arnold Schönberg, „op. 19"					
Terry Riley, „In C", Remix Kleerup					
Philipp Glass, „Opening"					
Philipp Glass, „Metamorphosis I"					
Philipp Glass, „Mad Rush"					
John Cage, „Music for prepared piano"					
Arvo Pärt, „Spiegel im Spiegel", Version für Cello					
Arvo Pärt, „Für Alina"					
Arvo Pärt, „Fratres", Streichquartett					
György Kurtag, „signs, games (Perpetuum mobile)"					
		Punkte:	Punkte:	Punkte:	Punkte:

Gehörbildung zu ausgewählten Werken der Neuen Musik (Lösungen)

Track	Werkbezeichnung (Ausschnitte) Teil I	Merkwort (persönlich)	Übung 1 Track 25	Übung 2 Track 26	Übung 3 Track 27	Übung 4 Track 28
1	Arnold Schönberg, „Piano Suite op. 25", Trio		3	1	8	7
6	Terry Riley, „In C"		1	5	6	6
7	Martin M. Seifert, „Bewusst-sein" (aus Part III)		6	7	4	8
8	Steve Reich „Clapping Music"		8	3	10	9
9	Steve Reich, „Music for 18 Musicians", (Nr. 10)		9	10	1	10
10	Steve Reich, „Drumming", Part I		10	8	3	5
11	Steve Reich, „Piano Phase"		7	4	7	4
12	Steve Reich, „Music for pieces of wood"		4	9	2	3
13	Arnold Schönberg: „Ein Überlebender aus Warschau"		2	2	9	2
14	Arnold Schönberg: „op. 33a"		5	6	5	1
			Punkte:	Punkte:	Punkte:	Punkte:

Track	Teil II		Übung 6 Track 30	Übung 7 Track 31	Übung 8 Track 32	Übung 9 Track 33
15	Arnold Schönberg, „op. 19"		10	3	3	7
16	Terry Riley, „In C", Remix Kleerup		6	5	5	5
17	Philipp Glass, „Opening"		9	7	1	3
18	Philipp Glass, „Metamorphosis I"		4	10	9	1
19	Philipp Glass, „Mad Rush"		3	1	7	2
20	John Cage, „Music for prepared piano"		2	9	2	8
21	Arvo Pärt, „Spiegel im Spiegel", Version für Cello		6	8	8	6
22	Arvo Pärt, „Für Alina"		8	2	6	9
23	Arvo Pärt, „Fratres", Streichquartett		7	6	4	10
24	György Kurtag, „signs, games (Perpetuum mobile)"		1	4	10	4
			Punkte:	Punkte:	Punkte:	Punkte:

Name: _____   Datum: _____

Gitterrätsel zur Neuen Musik

E	D	O	D	E	K	A	P	H	O	N	I	E	P	Ü	P	O	I	U	Z
D	F	R	G	U	T	T	P	O	I	U	Q	W	O	S	D	O	P	U	S
F	C	D	I	S	S	O	N	A	N	Z	E	N	K	T	Z	U	I	O	O
L	V	L	U	D	R	N	C	T	M	X	C	C	U	D	Z	A	S	L	L
U	T	K	T	S	O	A	O	R	N	R	E	I	C	H	E	M	G	K	O
X	G	J	R	F	W	L	R	E	B	P	U	Z	T	R	E	E	E	J	F
U	Z	Y	V	C	E	K	E	R	V	O	T	O	N	T	Z	L	U	H	R
S	C	H	Ö	N	B	E	R	G	J	I	A	L	E	A	T	O	R	I	K
W	H	I	I	U	Z	T	T	L	H	U	Z	J	U	G	Ä	D	A	H	O
E	O	U	W	E	R	V	G	A	G	H	T	H	E	F	Ö	I	U	G	R
R	I	L	E	Y	R	T	Z	S	F	G	R	G	M	D	L	E	F	F	H
K	Ü	U	O	Q	M	O	I	S	D	D	E	F	U	S	K	U	F	D	Y
E	P	J	P	J	H	G	F	H	G	Z	T	D	S	G	K	Z	Ü	Ü	T
W	T	Z	W	Ö	L	F	T	O	N	M	U	S	I	K	J	Z	H	Z	H
E	R	N	B	V	G	F	D	S	F	T	T	J	K	U	H	T	R	T	M
K	O	M	P	O	N	I	E	R	E	N	T	T	R	R	G	I	U	R	U
T	Z	U	I	D	F	G	H	Y	X	C	I	Q	W	T	H	G	N	E	S
M	N	B	V	H	G	F	D	Z	T	R	E	T	G	A	U	I	G	U	F
Q	M	I	N	I	M	A	L	M	U	S	I	C	B	G	P	Ü	G	Z	D
R	T	Z	F	G	H	V	B	N	F	G	H	A	S	D	F	G	H	T	S

Aufgaben:

① *Markiere die im Rätsel versteckten 20 Begriffe zur Neuen Musik und notiere sie in den Kästen.*

② *Wähle drei Begriffe aus, recherchiere ihre Bedeutung und versuche, sie in einem Satz zu erklären!*

a) _____ : _____

_____

b) _____ : _____

_____

c) _____ : _____

_____

Lösungen S. 62

Name: _____   Datum: _____

Zum Begriff „Neue Musik"

Als „Neue Musik" wird bestimmte Kunstmusik ab dem Beginn des 20. Jahrhunderts bezeichnet, die für viele Ohren neu und beim ersten Hören mitunter sehr fremd klingt. Sie berücksichtigt nicht mehr die Regeln der traditionellen Harmonielehre und entspricht dadurch nicht den klassisch geprägten Hörerwartungen und Hörgewohnheiten. Neue Musik klingt anders, wirft Fragen auf, provoziert und verstört, ja stellt herkömmliche Musik zuweilen komplett infrage. Neue Musik polarisiert und spaltet die Musikwelt in Anhänger und Skeptiker. Bei Konzerten kam es schon zu Protesten, heftigen Tumulten und Skandalen, ausgelöst durch Gegner und Befürworter der ungewohnten Klänge.

Neue Musik ist auch eine Art Rebellion gegen die „alte" Musik, die in ihren Regeln und Möglichkeiten zu einem gewissen Abschluss gekommen und ausgereift ist. Die sogenannten Neutöner hatten das Bedürfnis, Musik komplett neu zu erfinden, indem sie die überlieferten Konventionen hinterfragten und vielerorts komplett außer Kraft setzten.

Ausgewählte Stilrichtungen und wichtigste Vertreter

- **Zwölftonmusik:** Arnold Schönberg (1874–1951), Alban Berg (1885–1935)
- **Serielle Musik:** Pierre Boulez (1925–2016)
- **Klangflächenmusik:** Györgi Ligeti (1923–2006)
- **Neue Einfachheit:** Arvo Pärt (*1935)
- **Minimal Music:** Terry Riley (*1935), Philipp Glass (*1937), Steve Reich (*1936)

Aufgabe:

Suche zu jeder Stilrichtung ein Musikstück eines der genannten Komponisten und höre es dir eine Minute an. Notiere den Titel und formuliere deinen Höreindruck in 1–2 Sätzen möglichst genau.

Komponist: _____   Stilrichtung: _____

Musikstück: _____

Persönlicher Höreindruck: _____

_____

_____

_____

_____

_____

_____

Name: _____   Datum: _____

Begriffe aus der Komponistenwerkstatt

Komponieren: Als Komponieren bezeichnet man die Schöpfung und Niederschrift eines musikalischen Kunstwerkes. Der Begriff leitet sich von dem lateinischen Verb „componere" mit der Bedeutung „zusammenfügen, zusammensetzen" ab. Ein Komponist setzt somit ein Musikstück aus einzelnen Tönen zusammen und schafft so ein Werk, eine Komposition.

Komposition: Als Komposition bezeichnet man ein notiertes, vollendetes und zur Aufführung bereitliegendes Tonstück. Sie ist das Ergebnis des Kompositionsvorgangs. Durch die genaue Notation bietet sie die Möglichkeit der Wiederholbarkeit, ohne dass der Komponist anwesend sein muss. Eine Komposition kann per Hand, als Notensatz mit einem Computer oder als Aufnahme erstellt werden.

Mündliche Überlieferung: Man spricht von mündlicher Überlieferung, wenn ein Musikwerk sich nicht auf eine Person zurückführen lässt. Somit wird sie als Gemeingut weitergetragen und unterliegt dabei mitunter auch Veränderungen.

Improvisation: Sie entsteht im Spielprozess selbst, ist nicht zur exakt wiederholten Ausführung gedacht und auch nicht genau notiert wie eine Komposition.

Komponist: Als Komponisten bezeichnet man einen Menschen, der ein Musikstück aus Tönen schafft, erfindet, zusammensetzt und notiert. Die Komposition ist dann das geistige Eigentum des Komponisten. Die Musik eines Komponisten wird durch Interpreten (Musiker, Sänger) zum Erklingen gebracht oder studiotechnisch realisiert.

Tonalität – Tonale Musik: Unter tonaler Musik versteht man grundtonbezogene und funktionale Musik (z. B. mit den Kategorien Tonika, Subdominante und Dominante und Dur und Moll) nach der klassischen Harmonielehre. Die Werke des Barock (J. S. Bach), der Klassik (W. A. Mozart) oder der Romantik (J. Brahms) stehen beispielhaft für tonale Musik.

Atonalität – Atonale Musik: Atonale Musik ist nicht auf einen bestimmten Grundton bezogen und basiert nicht mehr auf den Gesetzen der traditionellen Harmonielehre. Der Begriff bezeichnet nichttonale Musik. Die Musik kommt dem ungeübten Hörer erst einmal sehr fremd und ungewohnt vor. Einige Vertreter der **Neuen Musik** z. B. Arnold Schönberg und Alban Berg lehnten den Begriff **atonal** als Bezeichnung für ihre Musik ab, weil sie ihn als negativ besetzt empfanden und er vielfach zur Beschimpfung ihrer „Unmusik" verwendet wurde. Sie bevorzugten die Bezeichnung **polytonale** (vieltönige) Musik.

Aufgabe:

Unterstreiche in jedem Absatz zwei wichtige Worte und notiere in deinem Hefter jeweils drei typische Vertreter der Neuen und der tonalen Musik.

Noten- und Pausenwerte, die Oktaven

Name: _____ Datum: _____

Intervalle und Übungen

Merksatz zu den 5 Tönen auf den Notenlinien
„E - rnie g - eht h - eute d - urch F - lensburg"

Merksatz zu den vier Tönen in den Notenzwischenräumen
„F - ritz a - ß C - ola E - is"

Intervalle – aus wie vielen Halbtönen bestehen sie?

Als Intervall bezeichnet man den Abstand zwischen zwei Tönen.

Intervall	Prim	Kleine Sekund	Große Sekund	Kleine Terz	Große Terz	Quarte	Tritonus
Halbtonabstand	0	1	2	3	4	4	6
Beispiel	C – C	C – Cis	C – D	C – Es	C – E	C – F	C – Fis

Intervall	Quinte	Kleine Sexte	Große Sexte	Kleine Septime	Große Septime	Oktave
Halbtonabstand	7	8	9	10	11	12
Beispiel	C – G	C – Gis	C – A	C – B	C – H	C – C´

Aufgaben zur Anwendung der Inhalte von S. 12

① *Bestimme die Noten und notiere die Tonnamen darunter.*

② *Trage die geforderten Noten in das Notensystem ein.*

| c1 | g1 | d1 | f1 | e1 | c2 | h1 | a1 | fis2 | cis1 | ais1 | gis1 |

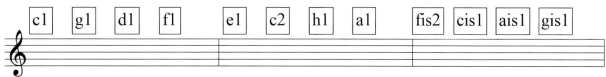

③ *Ermittle die Halbtonabstände und bestimme die Intervalle.*

Lösungen S. 62

Name: _____   Datum: _____

Zur Vorstellung eines Werkes (Kurzreferat)

Titel:		
Komponist:	**Lebensdaten:**	

Notenausschnitt:	**Tonart:**		
	Taktart:		
	Tempo:		
	Bezeichnung:		
	Dauer:		
	Musikepoche/Stilrichtung:		
	Ensemble:		
Instrumente:			

Ist das Stück Teil eines größeren Werkes z. B. Oper, Sinfonie, Ballett?

Kann man z. B. bei Amazon eine Aufnahme dieses Stückes erwerben? (umkreisen)	Ja	Nein
Wenn ja, unter welcher Bezeichnung:	**Dirigent:**	

Wann und wo fand in letzter Zeit eine Aufführung des Werkes statt?

Existieren Beiträge bei YouTube?

z. B.:

Wird es im Radio oder im TV gespielt? (Playlists durchsuchen)

Angaben zur Sendung:

Datum:	**Sender:**	**Uhrzeit:**

Schildere deine persönliche Meinung zu dem Stück in drei Sätzen.

Bewertung in 1–5 Sternen und begründe dein Urteil in einem Satz. * * * * *

Sterne (1–5)	**Begründung:**

Name: _____ Datum: _____

Zur Vorstellung eines Komponisten (Kurzreferat)

Vorname, Name:		Spitzname:			
Bild I		Bild II	Bild III		
Geboren:		Geburtsort:	Kinder?	ja	nein
Eltern		Lebensdaten	Berufe		
Vater:					
Mutter:					
Wichtige Orte:					
Studium:	Fächer:		Orte:		
Erstes Werk/Jahr:					

Drei Werke:

a)

b)

c)

Wann und wo wurde ein Werk in letzter Zeit aufgeführt?

Zu welcher Musikepoche, Stilrichtung oder Komponistengruppe zählt er oder sie?

Wähle den Anfang eines Musikstücks und beschreibe spontan deinen Höreindruck.

Angaben zum Werk:		
Höreindruck:		

Ein Musikstück beschreiben

① *Hörritual bei Werken Neuer Musik*

    a) *Setze dich beim Hören in eine bequeme und entspannte Sitzhaltung und schließe die Augen.*

    b) *__1. Eindruck__ (allgemein) – als Gruppengespräch oder schriftlich notieren*

    c) *Rückmeldung sammeln und ggf. notieren.*

    d) *Titel, Komponist, Tonart? Werknummer notieren. Aufgeführt/gespielt von?*

    e) *__2. Eindruck__ (genauer) – als Gruppengespräch oder schriftlich ergänzen*

② *Was kannst du bei einem Musikstück beschreiben?*

Erster Eindruck?	Stimmung?	Charakter?	Tempo? (langsam – mittel – schnell)
Lautstärke? (sehr leise – mittellaut – sehr laut)	Tonhöhe?	Melodien? (singbar, prägt sich schnell ein, etc.)	Rhythmen? (charakteristisch, auffällig oder unauffällig)
Begleitung? (im Hintergrund, sehr präsent, unauffällig)	Auffälligkeiten: Anfang, Mitte, Ende	Instrumente raushören!	Persönliches?

    a) *Gedanken oder Notizen auf einem Zeitstrahl notieren (0:00 – total)*

    b) *Notizen machen! (Tafel, Beamer, Smartboard, Plakat, Flipchart, Heft …)*

    c) *Welche Instrumente kannst du raushören? Kommen außermusikalische Dinge in dem Musikstück vor?*

    d) *Erinnert es dich an etwas Bestimmtes oder gibt es Ähnlichkeiten (allgemein oder persönlich)?*

Name: _____ Datum: _____

„Like" 👍 und „Dislike" 👎 für Stücke der Neuen Musik

Titel: _____

Komponist: _____ (geb. _____ gest. _____)

komponiert im Jahre: _____

Jetzt ist deine spontane, persönliche, gefühlsmäßige und ehrliche Meinung gefragt!

① *Was gefällt dir persönlich an diesem Musikstück?*

② *Was gefällt dir persönlich __nicht__ an diesem Musikstück?*

Name: _____ Datum: _____

Was ist Fluxus?

Fluxus, ursprünglich der Titel für eine Zeitschrift des litauisch-US-amerikanischen Künstlers George Maciunas, wurde zur radikalsten und experimentellsten Kunstbewegung des zwanzigsten Jahrhunderts. Sie stellte die herkömmliche Idee eines Kunstwerks komplett infrage. Die kreative Avantgarde der 1960er-Jahre interessierte sich nicht für das sog. „Werk", ihr ging es einzig und allein um die spontane schöpferische Idee. Daher muss man sich Fluxus-Aktionen immer als spektakuläre Events, als Gesamtkunstwerke vorstellen, die Musik, Aktion und Happening vereinen.

Happening bei den Fluxus Internationalen Festspielen Neuester Musik 1962 in Wiesbaden

Fluxus ist eigentlich ein Begriff aus der Medizin und bedeutet so viel wie „fließende Darmentleerung" – oder schlicht „Dünnschiss".

Für die Kunstszene in Zeiten der sich global verbreitenden Hippiekultur bedeutete Fluxus Spaß und Bewusstseinserweiterung und verstand sich bald als weltweit agierende Bewegung. 1962, im Jahr der Gründung, fanden Fluxus-Konzerte in Wuppertal, Wiesbaden, Kopenhagen und Paris statt, später dann auch in Düsseldorf, Amsterdam, Dan Haag, London und Nizza. Die sieben Begründer der Bewegung sind George Maciunas, Emmett Williams, George Brecht, Ben Patterson, Dick Higgins, Joe Jones, Nam June Paik, Alison Knowles und die spätere Frau John Lennons, Yoko Ono.

> **Zitate**
>
> **"Everything we do is music."** [Alles was wir tun ist Musik.] John Cage
>
> **"Fluxus is an attitude rather than a product."** [Fluxus ist eher eine Haltung als ein Produkt.] Ben Vautier
>
> **"If you celebrate it, it's art. If you don't, it isn't."** [Wenn du dich dafür begeisterst, dann ist es Kunst. Wenn nicht, dann ist es keine Kunst.] John Cage

Mögliche Referatsthemen

① *Versuche die Aussage der oben stehenden Zitate zu erklären.*

② *Erstelle eine Kurzpräsentation über einen der Fluxus-Begründer.*

③ *Schaue dir die folgenden Fluxus-Werke bei YouTube an:*
   a) Karlheinz Stockhausen, „Helicopter-Quartett" oder „Musik für ein Haus"
   b) George Brecht, „Drip Music" oder andere Werke von George Brecht
   c) John Cage, „Water Music" (1952)
   d) John Cage, „The Perilous Night"
   e) György Kurtag, „Perpetuum mobile"
   f) Philipp Corner, „Piano Activities" (2012)
   g) John Cage, „As slow as possible" (639 Töne, Start 2001 – Ende 2640)
   h) John Cage, „4'33"

④ *Wähle ein Fluxus-Werk aus und stelle es in Bild, Text und Ton vor. Versuche, dir einen möglichen Sinn dahinter zu erklären.*

Ausgewählte Skandale Neuer Musik

„Watschenkonzert" – Orchesterkonzert am 31. März 1913 in Wien

Am 31. März 1913 kam es bei einem Orchesterkonzert mit Werken von Webern, Zemlinsky, Schönberg, Berg und Mahler, das Arnold Schönberg selbst dirigierte, zu tätlichen Ausschreitungen und damit zum größten Skandal seiner Laufbahn. Die Veranstaltung ging als sogenanntes „Watschenkonzert" in die Musikgeschichte ein. Watschen sind auf Wienerisch so etwas wie Ohrfeigen. Das Programm musste für die konservativen Wiener Konzertbesucher wie eine Kampfansage wirken, bestand es doch fast nur aus Klängen der Neuen Musik. Im Verlauf der Aufführung kam es zu wütendem Zischen, schrillen Tönen und Pfiffen und auf der zweiten Galerie

Karikatur in Die Zeit vom 6. April 1913

zur ersten Prügelei des Abends. Ein aufgebrachter Herr stieg über mehrere Parkettreihen und wollte den Dirigenten voller Zorn ohrfeigen. Der Tumult erzwang, dass Schönberg das Konzert vorzeitig abbrechen musste. Er klopfte mit dem Dirigentenstab und drohte, dass er jeden Ruhestörer unter Anwendung öffentlicher Gewalt abführen lassen werde. Nun eskalierte die Situation erst recht, Anhänger und Verteidiger der „Neutöner" beschimpften sich wüst, es kam zu weiteren Ohrfeigen und die aufgebrachten Gegner forderten, man solle alle Anhänger dieser missliebigen Musik nach Steinhof in die örtliche Irrenanstalt bringen.

Als Konsequenz gründete Schönberg im November 1918 den „Verein für musikalische Privataufführungen", dessen Zweck es war, in nichtöffentlichen Konzerten Künstlern und Kunstfreunden eine wirkliche und genaue Kenntnis dieser neuen Art von Musik zu verschaffen. Die Werke wurden in den Aufführungen mehrfach hintereinander gespielt, sodass man sich wirklich hineinhören konnte, und sowohl Beifallsbekundungen als auch Kritik waren untersagt.

Skandal bei der Uraufführung von „Fresco" am 15. November 1969

Auch bei der Uraufführung von Karlheinz Stockhausens „Fresco", einem Werk für vier orchestrale Gruppen und Tonbänder, die in sieben unterschiedlichen Räumen spielen, kam es zu einem Skandal. Für die professionellen Orchestermusiker der Bonner Beethovenhalle stellten die ungewöhnlichen Anforderungen des Komponisten musikalisch und mental eine große Zerreiß- und Geduldsprobe dar. Nie zuvor Gehörtes verlangte man von Ihnen. So sollte z. B. ein Glissando nicht schneller als eine Oktave pro Minute gespielt werden.

Die 2000 Zuhörer im Publikum waren gespalten. Eine Gemeinde von progressiven Anhängern lauschte ehrfürchtig diesem Versuch einer ganz neuen Konzertform. Gegner jedoch bezeichneten das Werk als „Pinkelmusik", beschimpften den Komponisten und Dirigenten und versuchten das Konzert zu sabotieren, indem sie dafür sorgten, dass die Lichter an den Notenpulten ausgingen. Das Happening war mit einer Länge von vier bis fünf Stunden angesetzt. Nach vier Stunden brachen die aufgebrachten Musiker das „Affentheater", wie sie es nannten, endgültig ab. Die konventionell klassisch ausgebildeten Instrumentalisten fühlten sich von der Musik Stockhausens seelisch und physisch gequält und spielten nur, weil sie durch ihren Dienstvertrag dazu gezwungen waren. Dieses Werk wurde seitdem nicht wieder aufgeführt.

Aufgabe:

Schreibe deine Gedanken zu folgenden Fragen auf: Wie erklärst du dir solche heftigen Reaktionen? Hast du Verständnis dafür? Welche eskalierenden Veranstaltungen kennst du?

Arnold Schönberg (1874–1951)
Vater der Neuen Musik

Das Portrait des Komponisten Arnold Schönberg wurde von Rafael Gärtner gemalt
(14 Jahre, Schüler der Heinrich-Heine-Schule in Büdelsdorf)

Zur Umsetzung des Unterrichtsprojekts „Arnold Schönberg und die Suite für Klavier op. 25"

Das erste Unterrichtsprojekt beschäftigt sich mit dem Leben Arnold Schönbergs und seiner Kompositionsmethode, der Zwölftonmusik, am Beispiel eines Ausschnitts seiner Suite für Klavier op. 25. Die Schüler sollen durch die Einführung in die Grundlagen der Zwölftonmusik zu eigenen Kompositionsversuchen angeregt und ermutigt werden. Allein das erste Hören und die Konfrontation mit Zwölftonmusik stellt eine Herausforderung und eine neue Erfahrung dar, die Offenheit für Neues erfordert und Neugier erzeugen kann. Die Erfahrung zeigt, dass viele Schüler diese Musik als interessant und spannend beschreiben und ihr positiv gegenüberstehen. Die Schüler bekommen einen ersten Eindruck von dem bewegten Leben Schönbergs und sollen zu eigenen Fragen zu dessen Leben und Werk angeregt werden, um diese dann mithilfe des Internets oder von Büchern zu beantworten. Sie lernen die Reihenprinzipien der Zwölftonmusik kennen (Reihe, Krebs, Umkehrung, Krebs der Umkehrung), werden diese in verschiedenen Aufgaben selbst anwenden und schließlich in verschiedenen Instrumentalformationen präsentieren.

Die Schüler wenden die Kompositionsprinzipien der Zwölftonmusik in unterschiedlichen Aufgabenstellungen an. Zunächst lassen sie die zwölf Halbtöne per Zufall auf ein Zeitraster (siehe: Kompositionsblatt mit 16 Zählzeiten S. 32) „regnen" und erhalten so ihre ganz persönliche Reihe, die sie dann in die weiteren Reihen transformieren und anschließend auf einem Instrument präsentieren können. Eine andere Aufgabenstellung gibt zwölf Notenwertbausteine vor, denen dann die zwölf Halbtöne zugeordnet werden müssen, um auf diese Weise zu einer Reihe zu kommen. Eine didaktisch reduzierte Form macht aus der Zwölftonmusik durch Reduktion des Tonvorrats eine pentatonische Fünftonmusik, auf die dann die bekannten Prinzipien angewendet werden müssen. Je nach Fähigkeiten der einzelnen Schüler und der gesamten Lerngruppe lassen sich die Aufgaben auch reduzieren. Manchmal reicht es vollkommen aus, dass man sich auf das Erstellen und Spielen der Reihe (R) beschränkt oder nur einzelne Schüler den Krebs (K), die Umkehrung (U) und den Krebs der Umkehrung (KU) ermitteln und spielen lässt. Oft ist es ein besonderes Erlebnis, wenn man von den Schülern mithilfe ihrer Smartphones Aufnahmen machen lässt und diese dann mit der gesamten Gruppe anhört, reflektiert und Änderungen für eine mögliche weitere Aufnahme bespricht. Des Weiteren bieten diese Aufnahmen besonders für technikaffine Schüler die Möglichkeit, mit „eigenen" Klängen (Bausteinen) zu experimentieren, sie zu verfremden und neue, rein digitale Kompositionen oder Abläufe zu erstellen – ein durchaus kreativer Zugang für eine aktive Auseinandersetzung mit zeitgenössischer Musik.

Wichtig ist, dass man den Schülern beim Üben der verschiedenen Reihen ausreichend Zeit gibt, da sie sich erst einmal auf den Instrumenten zurechtfinden müssen. Sie müssen sich in aller Ruhe die Wege der zwölf Töne auf dem Instrument einprägen und sich an die ungewohnte Harmonik gewöhnen. Beim Präsentieren kommt es darauf an, dass die Schüler sich gegenseitig zuhören, damit ein echter Hörraum entsteht. Es soll viel gemeinsam musiziert werden. Das geht auch, wenn jeder seine Reihe mehrfach wiederholt und man dann z.B. Trios oder Quartette bildet, deren Spieler kanonartig nach vier Tönen einsetzen, dann ihre Reihe viermal spielen und dann aufhören. Falls die Schüler Hemmungen haben, ihre Reihen zu rhythmisieren, kann man den Rhythmus eines einfachen bekannten Kinderlieds zugrunde legen, das man beim Üben „innerlich" mitsingt. Auf diese Weise gelangt man relativ einfach zu einer differenzierten Reihe.

Die Lösungen zu den Aufgaben finden Sie ab S. 62.

Zur Biografie von Arnold Schönberg

Arnold Schönberg gilt als einer der einflussreichsten Komponisten des 20. Jahrhunderts und als zentrale Figur der „Zweiten Wiener Schule". Der Komponist, Musiktheoretiker, Kompositionslehrer, Maler, Dichter, Erfinder und leidenschaftliche Tennisspieler Arnold Schönberg wurde am 13. September 1874 als Sohn eines Schuhmachers in Wien geboren. Mit neun Jahren begann er Violine zu spielen und erste kleine Musikstücke autodidaktisch zu komponieren. Später wechselte er von der Geige zum Cello, das Schönberg später auch im Amateurorchester „Polyhymnia" seines Freundes und Förderers Alexander von Zemlinsky spielte.

Arnold Schönberg besuchte die Realschule in Wien bis sein Vater 1889 starb und er eine Lehre als Bankangestellter begann, weil er nun für den Unterhalt seiner Familie zur sorgen hatte. Einen Teil seines Lohns investierte der musikbegeisterte junge Mann in den Besuch von Konzerten und Opern, insbesondere von Richard Wagner. Drei Menschen förderten Arnold Schönbergs künstlerische Entwicklung besonders: Oskar Adler vermittelte ihm Grundkenntnisse der Musiktheorie, Poesie und Philosophie, David Josef Bach weckte in Schönberg das Bewusstsein für Ethik und Moral sowie den Widerstand gegen Gewöhnlichkeit, und Alexander von Zemlinsky, der Schönbergs Talent erkannte, gab ihm Kompositionsunterricht verhalf ihm zur Aufführung seines ersten Streichquartetts in D-Dur im Wiener Musikverein. Nach eigener Aussage lernte Schönberg selbst am meisten durch das intensive Studium großer Komponisten – vor allem Brahms, Wagner, Mahler, Bach und Mozart. Auch später als Lehrer seiner atonal komponierenden Schüler forderte er von ihnen die Analyse der großen, älteren Meister als unverzichtbare Grundlage für das Verständnis der Neuen Musik. Kein Schüler durfte ihm eine moderne Komposition vorlegen, der vorher nicht nachgewiesen hatte, dass er auch Musikstücke im alten Stil schreiben konnte.

Arnold Schönberg gelang es, mit dem Dirigieren von Chören in Wien musikalisch Fuß zu fassen. So konnte er seinen Bankberuf kündigen und sich ganz der Musik widmen. 1901 heiratete er die Schwester seines Mentors Zemlinsky, Mathilde. Aus dieser Ehe gingen zwei Kinder hervor.

1904 wurde Schönberg Mitbegründer der „Vereinigung schaffender Tonkünstler" und die später selbst berühmt gewordenen Komponisten Anton Webern und Alban Berg wurden seine Schüler. Im Jahrzehnt bis zum Ausbruch des Ersten Weltkriegs entstanden etliche bedeutsame Werke, darunter die ersten beiden Streichquartette, die „skandalöse" 1. Kammersinfonie, die Gurre-Lieder und das theoretische Gerüst seines Schaffens, seine Harmonielehre. Schönbergs Werke wurden vom Publikum lebenslang äußerst kritisch aufgenommen und stießen oftmals auf heftigste Ablehnung, ein Umstand, der an Schönberg nicht spurlos vorüber ging.

1915, mitten im Ersten Weltkrieg, wurde Schönberg zum Militär einberufen und als Reserveoffizier ausgebildet. Er konnte seinen Dienst in einer Militärkapelle absolvieren, nachdem er sich bei seinen Vorgesetzten als „unmöglicher Soldat" erwiesen hatte. Nach Kriegsende zog Schönberg nach Mödling bei Wien. In seinem Haus veranstaltete er Privataufführungen seiner eigenen und anderer von ihm als wichtig erachteter Werke. Komponisten wie Bartok, Debussy, Mahler, Ravel, Richard Strauss und Igor Strawinsky waren mit ihren Kompositionen in seinen Konzertprogrammen vertreten.

Ab 1921 war Schönberg maßgeblich an der Entwicklung der „Zwölftontechnik" oder Dodekaphonie beteiligt, einer Kompositionstechnik, die keine klassische Dur-Moll-Tonalität mehr kennt und von vielen Komponisten der sogenannten Neuen Musik verwendet wurde. Ihren Regeln zufolge darf jeder der zwölf Halbtöne einer chromatischen Reihe (Halbtonreihe) erst wieder ein zweites Mal in einem Stück verwendet werden, wenn alle anderen elf Halbtöne einmal erklungen sind. Schönbergs erstes Zwölftonmusikstück war das im Juli 1921 entstandene Präludium seiner Klaviersuite op. 25. Opus (op.) ist lateinisch und bedeutet Werk.

Nach dem Tod seiner Frau Mathilde 1923 heiratete Schönberg Gertrud Kolisch und bekam mit ihr die drei Kinder Nuria (die spätere Frau des Komponisten Luigi Nono), Ronald und Lawrence. 1925 wurde er als Professor für Komposition an die Berliner Akademie der Künste berufen, jedoch nur so lange, bis ihm durch die NS-Gesetzgebung aus rassistischen Gründen die Professur wieder entzogen wurde. Da Schönberg aus einer jüdischen Familie stammte, musste er 1933 in die USA emigrieren, wo er 1941 die amerikanische Staatsbürgerschaft annahm. In den USA war er als Professor für Komposition an den Universitäten Southern California und später in Los Angeles tätig. In dieser Zeit entstanden u. a. das 4. Streichquartett (1936), ein Klavierkonzert (1942) und das berühmte Stück „Ein Überlebender aus Warschau" (1947) für Sprecher, Männerchor und Orchester, das die Erfahrungen eines Mannes im Warschauer Ghetto thematisiert. Schönberg verfasste neben seinen musikalischen Werken auch Bücher zum Kompositionsunterricht.

Schönberg war ein vielseitig interessierter und kreativer Mensch, der sich auch in der expressionistischen ausdrucksstarken Malerei (insgesamt 361 Bilder: Portraits, Landschaften, Bühnenbilder) versuchte. Als Dichter verfasste er dramatische Texte, er designte Möbel- und Spielkarten und er betätigte sich durchaus erfolgreich als vielseitiger Erfinder. Zu seinen Entwicklungen zählen das sogenannte „Koalitionsschach" für vier Spieler, Pläne für eine mechanische Notenschreibmaschine, eine Methode zur schriftlichen Dokumentation eines Tennisspiels, ein „Rastral" zum gleichzeitigen Ziehen von fünf Notenlinien sowie ein Reisenotenständer.

Schönberg starb am 13. Juli 1951 im Alter von 76 Jahren an einem Herzleiden in Los Angeles. Auf dem Wiener Zentralfriedhof bekam er ein Ehrengrab. Sein Nachlass, bestehend aus Musik- und Textmanuskripten sowie Fotos, ist seit 1998 im Arnold-Schönberg-Center in Wien zugänglich. Plätze z. B. in Wien und Berlin wurden nach ihm benannt, 1990 gar ein Asteroid oder 2001 ein Musikpreis.

Aufgaben:

① *Finde Bilder, die Arnold Schönberg gemalt hat, beschreibe eines so genau wie möglich und bewerte es anschließend nach deinem persönlichen Geschmack.*

② *Was steckt hinter Schönbergs „Skandal- oder Watschenkonzert"?*

③ *Wer gestaltete Schönbergs Grab auf dem Zentralfriedhof in Wien und wie sieht es aus?*

④ *Formuliere fünf eigene Fragen und Antworten für ein Klassenquiz zur Kurzbiografie.*

⑤ *Trage sieben Jahreszahlen zu Schönbergs Leben mit einem Stichwort auf einem eigenen Zeitstrahl ein.*

Name: _____   Datum: _____

Impulse und Schülerfragen zu Leben und Werk Arnold Schönbergs

Aufgaben:

① *Schaut euch die verschiedenen Bilder in Ruhe an und lasst euch zu eigenen Fragen anregen. Was möchtet ihr gerne über das private Leben, die Musik oder die Zeit von Arnold Schönberg wissen?*

Schönbergs Handschrift
beim Komponieren

Schönberg als Dirigent

„Watschenkonzert"

Schönberg als Komponist

Erfindung „Koalitionsschach"

Schönberg als Cellist

Schönberg vor seinen
Selbstporträts

Schönbergs Studio

1. Frage: _____

2. Frage: _____

3. Frage: _____

② *Tragt nun alle eure eigenen Fragen in einer Gesamtliste zusammen und versucht dann mithilfe des Internets, diesen Fragenkatalog schriftlich zu beantworten.*

Schülerfragen:

1. Wo ist A. Schönberg geboren und gestorben?

2. Wie hießen seine Kinder?

3. Warum hat er die Zwölftonmusik erfunden?

4. Welche Instrumente spielte er?

5. Wann fanden sein erstes und sein letztes Konzert statt?

6. An welchen Orten lebte er?

7. Welche außermusikalischen Dinge hat er erfunden?

8. Wie hießen seine Frau und seine Eltern?

9. Welches war sein letztes und sein erstes Stück?

10. Wo und was studierte Arnold Schönberg und wo ging er zur Schule?

11. Wer zählte zu seinen Musiker- und Komponistenfreunden?

12. Hatte er Haustiere?

13. Welche Hobbys hatte er?

14. Werden Schönbergs Werke heute noch gespielt?

15. Warum heißt seine Musik Zwölftonmusik?

Die Geburt der Zwölftonmusik: Arnold Schönbergs Klaviersuite op. 25

Die Zwölftonmusik (Dodekaphonie) wurde Anfang der 1920er-Jahre entwickelt. Hier gibt es keine auf einen Grundton bezogenen Tonarten mehr, jeder Ton ist gleichberechtigt. Diese Neue Musik unterscheidet sich somit deutlich von der klassisch-romantischen Musik.

Die „Suite für Klavier" op. 25 von Arnold Schönberg (Track 1) entstand in den Jahren 1921–1923. Sie ist die erste vollständige Komposition nach der Methode des Komponierens mit zwölf nur aufeinander bezogenen Tönen. Das Hörbeispiel und das Notenbeispiel stellen einen Ausschnitt aus der Suite dar – den Trio-Part aus dem Menuett (Takt 34–44), in dem man gut die Verwendung der Reihe in den Noten sehen kann.

Suite für Klavier op. 25 (Trio, Takt 1–6)

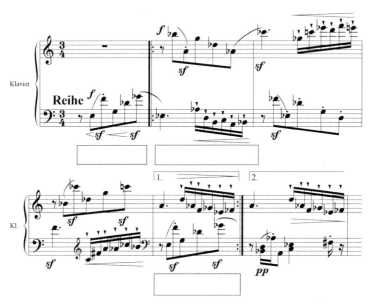

Aufgaben:

① *Höre dir das Stück z. B. auf YouTube mehrfach an und halte diesen ersten Eindruck in Stichworten fest. Du kannst dazu den Arbeitsbogen „Like und Dislike" auf S. 17 verwenden.*

② *Bestimme die Töne der Reihe (R) im Bassschlüssel in Takt 1, 2 und 5 und schreibe sie in die Kästen. Übertrage dann die richtige Lösung in die unten stehende Tabelle bei Reihe (R).*

Die Reihen mit ihren Umgestaltungen im Stück op. 25

Die 12 Töne	1	2	3	4	5	6	7	8	9	10	11	12
Reihe (R)												
Krebs (K)	B	A	C	H	d1	as1	es1	ges1	des1	g1	f1	e1
Umkehrung (U)	e1	dis1	cis1	g1	d1	f1	c1	fis1	a1	gis1	h1	b1
Krebs der Umkehrung (KU)	b1	h1	gis1	a1	fis1	c1	f1	d1	g1	cis1	dis1	e1

Lösung S. 62

Das Kompositionsprinzip der Zwölftonmusik

Aus einem Pool von zwölf gleichrangigen Tönen wird eine beliebige Tonreihe konstruiert, die jeden der zwölf Töne je einmal enthält. Aus jeder möglichen Zwölfton-**Reihe R** entstehen durch den **Krebs K** (Rückwärtsspielen), die **Umkehrung U** (Spiegelung) und die **Umkehrung des Krebses KU** (Rückwärtsspielen der Spiegelung) Varianten, die auf alle zwölf Tonstufe gesetzt werden können. Jedes Kästchen in der linken Spalte steht für einen Halbton. Die Töne Cis und Des, Dis und Es, Fis und Ges, Gis und As werden, da sie auf einer Klaviatur die gleiche Taste haben, jeweils wie ein Ton behandelt, da derselbe Ton gemeint ist. Die Reihen lesen sich wie Noten von links nach rechts, R beginnt bei E1, geht dann zu F1, G1 etc.

Beispiel: Tabelle zur Ermittlung der Reihen (R, K, U, KU)

	Die 12 Töne											
	1	2	3	4	5	6	7	8	9	10	11	12
Cis2/Des2												
C2												
H1		KU									U	
Ais1/B1	KU											U
A1				KU					U			
Gis1/As1			KU			K	R			U		
G1			R	U					KU	K		
Fis1/Ges1					R, KU			U, K				
F1		R				U	KU				K	
E1	R, U											K, KU
Dis1/Es1		U				R	K				KU	
D1					U, K			R, KU				
Cis1/Des			U	R					K	KU		
C1			K			KU	U			R		
H				K					R			
Ais/B	K											R
A		K									R	
Gis/As												

Aufgaben:

① *Trage die Noten deiner Reihe (R1–R12) und des Krebses (K1–K12) (umgekehrte Reihenfolge der Reihe) in die Kästchen der Tabelle auf S. 30 ein. Man könnte statt Buchstaben auch für jede Reihe eine bestimmte Farbe oder ein Zeichen wie z. B. Dreieck, Kreis, Quadrat und Kreuz verwenden.*

② *Färbe nun die Tonzeile des ersten Tons deiner Reihe (R) als Spiegelzeile (im Beispiel S. 27 Zeile E1!) rot. Spiegele jetzt die Reihe nach unten und du erhältst die Töne der Umkehrung (U1–U12). Wenn du nun die Töne der Umkehrung in umgekehrter Reihenfolge einträgst, so erhältst du dem Krebs der Umkehrung (KU1–KU12). Verbinde zur besseren Sichtbarkeit die einzelnen Töne einer Reihe jeweils mit vier unterschiedlichen Farben z. B. Reihe (R) mit Rot, Krebs (K) gelb, Umkehrung (U) blau und Krebs der Umkehrung (KU) grün.*

③ *Jede Reihe lässt sich auch mithilfe der Beispieltabelle auf S. 27 leicht auf eine andere Tonstufe verschieben z. B. wie bei Schönberg op. 25 in Takt 2–3 in der Oberstimme (S. 26). Dort hat er die Umkehrung (U) der Reihe auf den Ton B/Ais verschoben. Das heißt, sie beginnt nicht mit dem Ton E, wie sonst, sondern mit Ton B/Ais. Er hat somit die gesamte Reihe der Umkehrung, also alle zwölf Töne, um sechs Halbtöne nach oben verschoben. Dieser Vorgang lässt sich mithilfe der Tabelle gut umsetzen, indem du nun alle Töne der Umkehrung sechs Kästchen nach oben verschiebst und in die Tabelle einträgst. So erhältst du Schönbergs Tonreihe in Takt 2–3 in der oberen Notenzeile.*

Eigene Kompositionsversuche nach dem Prinzip der Zwölftonmusik

Aufgaben:

① *Schneidet die kleinen Tonkärtchen mit den zwölf verschiedenen Halbtönen unten auf dem Arbeitsbogen S. 32 aus und mischt sie durch. Lasst sie dann anschließend alle aus 20 cm Höhe auf das dazugehörige linierte Kompositionsblatt „fliegen". Ordnet die Töne jeweils der Spalte zu, der sie am nächsten sind und klebt sie dort fest oder macht einen Kreis an der Stelle und notiert den Tonnamen in der Mitte des Kreises. Kärtchen, die neben dem Blatt gelandet sind, müssen erneut fliegen gelassen werden. Sucht euch nun die Töne eurer Reihen auf einem Instrument. Wählt ein langsames Tempo und spielt eure Töne in der zufällig entstanden Reihenfolge. Wenn zwei Kärtchen auf derselben Linie gelandet sind, müssen die Töne gleichzeitig gespielt werden. Entweder jeder zählt stumm die Zählzeiten 1–16 oder einer zählt laut die Zählzeiten oder spielt den Grundschlag auf einer Trommel. Die Reihen lassen sich auch gut arbeitsteilig in Kleingruppen üben: Musiker, Helfer, Taktgeber, Rückmelder.*

Variante für Könner: *Landet ein Tonkärtchen in der oberen Hälfte (heller Bereich), so soll der Ton laut und in der oberen Oktave gespielt werden und landet ein Tonkärtchen in der unteren Hälfte (grauer Bereich), so sollen die Töne leise und in der unteren Oktave gespielt werden.*

② *Nun entwickelt aus eurer Reihe den Krebs, die Umkehrung und Krebs der Umkehrung mithilfe der Tabelle S. 30 und notiert sie als Noten und versucht sie zu spielen.*

③ *Spiele deine Reihe zunächst langsam auf einem Instrument, damit du die Wege zu den einzelnen Tönen sicher findest. Das Tempo kommt von alleine. Lege danach selbst fest, welche Töne du schnell und welche du langsam spielen willst. Der Tipp am Ende von S. 31 könnte dir helfen.*

④ *Nehmt eure Reihen mit dem Smartphone auf und spielt sie dann als Smartphone-Sinfonie kanonartig ab. Besprecht das Klangergebnis.*

Einsatz von chromatischen Boomwhackern

Die zwölf Töne werden auf die Lerngruppe verteilt. Wenn ein Ton gespielt wurde, setzt sich der Spieler hin. Sitzen alle, dann beginnt der zweite Durchgang, bei dem jeder Spieler aufsteht, sobald er seinen Ton einmal gespielt hat. Dies lässt sich beliebig oft fortsetzen. Von dieser Zwölftonmusik kann man auch eine Aufnahme erstellen. Durch diese Umsetzung wird den Schülern das Grundprinzip der Zwölftonmusik auch visuell verdeutlicht.

Name: _____ Datum: _____

Tabelle zur Ermittlung der Reihen R, K, U, KU

	Die 12 Töne											
	1	2	3	4	5	6	7	8	9	10	11	12
Fis2/Ges2												
F2												
E2												
Dis2/Es2												
D2												
Cis2/Des2												
C2												
H1												
Ais1/B1												
A1												
Gis1/As1												
G1												
Fis1/Ges1												
F1												
E1												
Dis1/Es1												
D1												
Cis1/Des1												
C1												
H												
Ais/B												
A												
Gis/As												

Name: _____   Datum: _____

Aufgaben:

① *Erstelle eine eigene Reihe aus zwölf verschiedenen Tönen und ermittle anschließend den Krebs, die Umkehrung und den Krebs der Umkehrung nach dem beschriebenen Verfahren. Notiere die Tonreihen zunächst in zwölf Viertelnoten.*

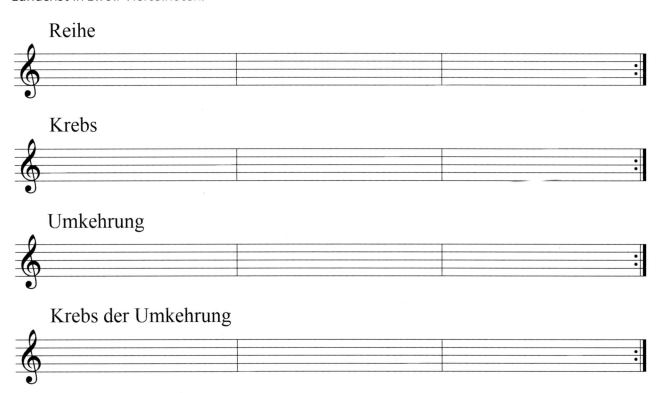

② *Spiele deine entstandenen Tonreihen zunächst: a) ganz langsam, b) dann so schnell wie möglich und versuche sie dann …*

③ *… zu rhythmisieren, indem du bestimmte Töne schnell und andere langsamer spielst. Entscheide dich am Ende für eine Rhythmisierung und präge sie dir ein.*

Tipp: Falls es Dir schwerfällt, die einzelnen Töne deiner Reihe in unterschiedlich langen Notenwerten zu spielen, dann wähle dir den Rhythmus eines bekannten einfachen Kinderliedes z.B. „Hänschen klein" und ersetze die Töne des Liedes durch deine Tonreihen, aber behalte die Notenwerte bei und übe es auf einem Stabspiel oder dem Klavier.

Name: _____

Datum: _____

Kompositionsblatt mit 16 Zählzeiten

(mit 141 % auf A3 kopieren)

Zähl-zeiten	R 1 / 16	2 / 15	3 / 14	4 / 13	5 / 12	6 / 11	7 / 10	8 / 9	9 / 8	10 / 7	11 / 6	12 / 5	13 / 4	14 / 3	15 / 2	16 / 1 K
hohe Oktave																
laut																
tiefe Oktave																
leise																

Die zwölf Tonkärtchen einzeln ausschneiden!

C	Cis	D	Dis	E	F	Fis	G	Gis	A	Ais	H

Name: _____ Datum: _____

Zwölftonmusik mit vorgegebenen Notenwertbausteinen

Aufgaben:

① Ändere die Reihenfolge der zwölf Töne und notiere die neue Reihe in den zwölf Kästchen.

② Ordne jeden Halbton jeweils einem Notenwertbaustein zu. Die beiden Achtel und dann die vier Sechzehntel sollen in deinem Stück als Block, aber mit verschiedenen Tönen gespielt werden. Die Töne in den Klammern stehen für die enharmonische Verwechslung (ein Ton mit zwei Namen, z. B. fis/ges).

③ Notiere das Ergebnis als Noten in einem Notensystem.

Die 12 Töne

C1		Cis1 (Des1)		D		Dis1 (Es1)		E1		F1	
Fis1 (Ges1)		G1		Gis1 (As1)		A1		Ais1 (B1)		H1	

1	2	3	4	5	6	7	8	9	10	11	12

④ Bilde jetzt den Krebs und wenn genug Zeit ist, die Umkehrung und die Krebs-Umkehrung zu deiner Reihe und notiere diese in Notenschrift. Behalte die von dir oben gewählte Zuordnung der Notenwerte zu bestimmten Tönen bei. (Hilfe: Arbeitsbogen S. 30)

⑤ Versuche nun, deine Reihen zu spielen.

⑥ a) Spielt die Reihen gleichzeitig,
   b) dann kanonartig mit Einsätzen deiner Mitschüler nach 4/4 oder
   c) mit freien Einsätzen.

⑦ Nehmt eure Reihen mit dem Smartphone auf und spielt sie kanonartig ab. Erstellt wiederum eine Gesamtaufnahme des Werkes und gebt ihm einen Titel. Lassen sich Unterschiede oder Gemeinsamkeiten zwischen den Werken feststellen?

Name: _____ Datum: _____

„Fünftonmusik" frei nach Schönberg

1. Oktave   2. Oktave

| C1 | D1 | E1 | G1 | A1 | C2 | D2 | E2 | G2 | A2 |

Aufgaben:

① *Wähle fünf verschiedene Töne aus der 2. Oktave aus, ordne jedem Ton einen Notenwert zu und schreibe sie in die obere, leere Zeile des Kastens.*

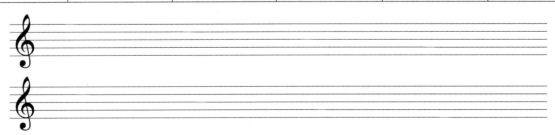

② *Notiere deine Fünftonreihe (R1–R5) in der Tabelle und erstelle den Krebs (K1–K5) und – wenn möglich – auch die Umkehrung (U1–U5) und den Krebs der Umkehrung (KU1–KU5) zu deiner Reihe. Versuche, die Reihen auf einem Instrument sicher zu spielen. Zur Ermittlung der Umkehrung **färbe die Zeile deines ersten Tons als Spiegelzeile farbig ein**. Notiere deine Reihen unten auch als Noten. (Hilfe: Arbeitsbögen S. 27 und S. 30)*

	1. Ton	2. Ton	3. Ton	4. Ton	5. Ton
A2					
G2					
E2					
D2					
C2					
A1					
G1					
E1					
D1					
C1					

③ *Spiele die Reihen nun mit Wiederholung und rhythmisiere die Tonreihe nach deinen Vorstellungen. Spiele die Töne deiner Reihe als Melodie und probiere aus, wie es sich anhört, wenn du einige Töne schneller und andere langsamer spielst. (Hilfe: Arbeitsbogen S. 31)*

④ *Eine Reihe beginnt und die nächsten Spieler setzen nach zwei Tönen kanonartig ein.*

⑤ ***Variante:** Eine Reihe beginnt und die anderen setzen ganz frei ein. Jede Reihe wird z. B. viermal wiederholt.*

Terry Riley (*1935)
Wegbereiter der Minimal Music

Das Portrait des Komponisten Terry Riley wurde von Rafael Gärtner gemalt
(14 Jahre, Schüler der Heinrich-Heine-Schule in Büdelsdorf)

Zur Umsetzung des Unterrichtsprojekts „Terry Riley und sein Werk ‚In C'"

Die Einheit zu „In C" von Terry Riley erläutert die Grundprinzipien der Minimal Music und führt die Schüler in die Hintergründe dieser Stilrichtung ein. Durch praktisches Musizieren und Komponieren soll sie verstanden und umgesetzt werden. „In C" ist durch seinen Bausteincharakter für den Einstieg in die Minimal Music besonders geeignet. Die Strukturen Wiederholung, Veränderung, Repetition sind nachvollziehbar und regen zu eigenen Kompositionsversuchen und zum aktiven Musizieren an.

„In C" bietet durch seinen freien Aufbau und die Verwendung von unterschiedlich komplexen Bausteinen sowohl für leistungsstarke als auch für musikalisch weniger erfahrene Schüler gute Möglichkeiten für einen Einstieg ins eigene Musizieren. Zunächst sollte das Stück gemeinsam angehört werden und der Arbeitsbogen S. 17 „Like und Dislike" zum Einsatz kommen. Eine Vorstellung des Komponisten (S. 37) und des Stückes (S. 38) mithilfe der zur Verfügung stehenden Arbeitsbögen kann dem Hören vorausgehen oder auch folgen. Als erstes Ergebnis sollten die Schüler ihre spontane Bewertung zu dem Stück abgeben und dann die charakteristischen Merkmale (Wiederholung, Veränderung, Repetition) der Minimal Music am Beispiel von „In C" heraushören und mithilfe der Lehrkraft schriftlich festhalten.

Nun kann man mit der Lerngruppe eine Auswahl der Originalbausteine von Terry Riley bestimmen und auf unterschiedlichen Instrumenten musizieren. Ebenso ist es möglich mit den Schülern gemeinsam eigene Bausteine zu erstellen und anschließend zu spielen. Das kann über lebensweltnahe Wörter geschehen z. B. Namen, besondere Wörter, Geburtstagswünsche oder Lieblingsessen, die dann anschließend mithilfe der Lehrkraft rhythmisiert und als Notenbaustein notiert werden. Somit kann das Stück zunächst nur gesprochen werden, indem jeder seinen Baustein als „Dauerschleife" wiederholt. Die Erstellung eigener Bausteine kann auch im Rahmen der Notenlehre durchgeführt werden, indem man die Aufgabe stellt, möglichst viele verschiedene 4/4- oder 3/4-Takte zu erstellen. Am Ende kann man auch versuchen, für jeden gefundenen Takt ein rhythmisch passendes Merkwort zu finden, damit sich die Spieler diesen leichter einprägen und auf den Instrumenten umsetzen können.

Eine weitere Aufgabe zu dem Stück könnte sein, dass man die Schüler zu einem ausgewählten Part von „In C" malen oder zeichnen lässt. Dabei könnte man sie anregen, für bestimmte prägnante Bausteine eine bestimmte Farbe zu wählen oder, um eine Stimmung auszudrücken, flächig zu malen oder für bestimmte Rhythmen auch mit Punkten und Strichen zu arbeiten. Durch diesen angeleiteten Malprozess kann es dazu kommen, dass die Schüler mit den Stiften die Rhythmen auf dem Papier wiedergeben und so eine Art zweites Stück „In C" entsteht. Es könnte interessant sein, diesen akustischen Malprozess mit dem Smartphone aufzunehmen und sich später anzuhören.

Für das Smartphone sind noch weitere Einsatzmöglichkeiten denkbar. Man kann die eigenen Bausteine oder bestimmte Originalbausteine mit dem Handy aufnehmen und dann später als Klassenkomposition für vielleicht 25 Smartphones wiederholt abspielen lassen. Einer könnte dann wiederum diese „Smartphone-Sinfonie" als Ganzes aufnehmen.

Ein anderer kreativer Zugang kann erreicht werden, wenn man die Schüler anregt, zu der Musik eigene Filmsequenzen zu drehen und anschließend der Lerngruppe zu präsentieren.

Die Lösungen zu den Aufgaben finden Sie ab S. 62.

Zur Biografie von Terry Riley

Der US-amerikanische Komponist und Pianist Terry Mitchell Riley wurde am 24. Juni 1935 in Colfax (Kalifornien) geboren und zählt zu den Erfindern der Minimal Music. Schon früh entdeckte er seine Leidenschaft für Tasteninstrumente und für die freie Improvisation im Jazz. Seit Mitte der 1950er-Jahre studierte er Komposition in San Francisco und später in Berkley, wo er seine Studien mit einem „Master of Arts" abschloss. Seit 1971 lehrte er viele Jahre am Kalifornischen Mills College indische Musik.

Riley beschäftigte sich intensiv mit asiatischer und afrikanischer Musik, insbesondere mit indischem Gesang. Auf seinen Indienreisen lernte er die Begleitung von Gesang auf der Tabla (Trommel) und der Tanpura (Langhalslaute). Aus diesen weltmusikalischen Erfahrungen entwickelt er seine „mikropolyphonen" Strukturen und die Kompositionstechnik der „Pattern-Music", wie die Minimal Music auch genannt wird. Sie wirkt oft tranceartig und meditativ und ist eine Art Wegbereiter der späteren Technomusik.

Riley entdeckte für sich die Bedeutung der Repetition einzelner Töne oder Motive. Bereits 1963 arbeitete er als einer der ersten Komponisten mit elektronischen Tonbandaufnahmen. Zwei Techniken wurden prägend, nämlich die Arbeit mit Tape-Loops (Tonbandschleifen) und mit Tape-Delays (Verzögerungstechniken). Auf diese Weise konnte Riley bestimmte musikalischen Figuren aufnehmen, um sie anschließend als endloses Ostinato – eine kurze, sich ständig wiederholende Begleitung – abzuspielen. Durch die Tonbandtechnik sparte Riley zum einen Musikerpersonal und zum anderen konnte er auf diese Weise mehrere Ostinatofiguren überlagern oder zeitverzögert nacheinander abspielen. Mit der heutigen Technik z.B. mit Smartphones und bestimmten Apps sind solche Verfahren problemlos zu realisieren.

Rileys Werk umfasst Kompositionen für Kammerensemble, für Großformationen und für Ensembles der Rockmusik und der improvisierten Musik. Ebenso schrieb er Filmmusiken und Musik z.B. für Tonbandgeräte und Klavier. Riley trat weltweit als Solokünstler oder zusammen mit bekannten Künstlern auf und seine Werke wurden vielfach ausgezeichnet. Im Jahre 2007 wurde Terry Riley die Ehrendoktorwürde der Kalifornischen Chapman University verliehen.

Aufgaben:

① Suche nach der Bedeutung folgender Begriffe und notiere sie in einem Satz mit eigenen Worten:

    a) mikropolyphon   c) Tabla   e) Tonband

    b) Pattern   d) Loops   f) Ostinato

② Trage die Jahreszahlen zu Rileys Leben auf einem Zeitstrahl mit einem Stichwort ein.

③ Höre dir die Anfänge (ca. 2 Min.) dreier Werke von Terry Riley an und beschreibe deinen Höreindruck schriftlich so genau wie möglich. Notiere die Titel der gehörten Werke.

④ Suche nach unterschiedlichen Bildern von Terry Riley.

⑤ Recherchiere: Was macht Terry Riley heute? Werden Rileys Werke heute noch aufgeführt? Notiere Ort, Zeit und die beteiligten Künstler der gefundenen Konzerte.

Meilenstein der Minimal Music: Terry Rileys Werk „In C"

Die musikalische Stilrichtung der Minimal Music kam in den 1960er-Jahren in den USA auf, parallel zu der mit wenigen Elementen arbeitenden Minimal-Art in der Bildenden Kunst. Charakteristisch sind eine meditative Musizierhaltung und eine Art Klangkontinuum; die Musik scheint keinen Anfang, kein Ende und keinen Höhepunkt zu haben, sie fließt unentwegt. Minimal Music ist einfach und leicht zu erfassen. Die Stücke haben keinen abgeschlossenen Kunstwerkcharakter sondern stellen eher einen meditativ ausgebreiteten geplanten und oder auch spontanen Klangprozess dar. Dieser vereint wenige rhythmisch-melodische Bausteine, die sich ständig mit minimalen Veränderungen oder unmerklichen Phasenverschiebungen wiederholen. Durch zeitversetzt einsetzende Bausteine entsteht, vergleichbar einem Kanon, stets eine neue musikalische Struktur. Hauptvertreter der Minimal Music sind neben Terry Riley (*1935), La Monte Young (*1935), Steve Reich (*1936) und Philipp Glass (*1937).

1964 komponierte Terry Riley sein vielleicht bedeutendstes Stück „In C" (Track 2), das als Meilenstein der Minimal Music angesehen wird. Es besteht aus 53 Modellen (Bausteinen), die von beliebig vielen Melodieinstrumenten gespielt werden können. Die Bausteine sind oft kurze rhythmische Floskeln, melodische Motive oder gehaltene Töne. Die Instrumentierung ist frei wählbar. Die Musiker müssen alle 53 Bausteine der Reihe nach spielen, dürfen aber jede Figur beliebig oft wiederholen. Zusammengehalten wird das Stück durch den Grundtonpuls (Achtel = Metronomschlag 200), der auf dem Klavier unentwegt repetiert wird. „In C" ist eine Mischung aus genau notierter Komposition und freier Improvisation. Das Stück zeigt, wie aus sehr einfachen Motiven eine sehr komplexe Klangstruktur entstehen kann. Es existieren verschiedene Aufnahmen dieses Stückes. Seine Dauer hängt von den Musikern ab. Bei YouTube haben die Einspielungen Längen von 10 Minuten bis hin 60 Minuten und mehr. Terry Riley sagte selbst: „Ich rebellierte damals gegen Dirigenten und klassische Musiker, ich hatte das Gefühl, das Orchester sei gefangen in einer Art Partitur."

Ausgewählte Original-Bausteine aus Terry Rileys „In C"

Aufgabe:

Notiere die einzelnen Tonnamen der abgebildeten Bausteine und schreibe sie über oder unter die Noten. Versuche danach, die verschiedenen Bausteine langsam auf einem Instrument zu spielen.

Eigene Minimal-Music-Kompositionen

1) Rhythmusbausteine (Arbeitsbogen S. 42)

Minimal-Sprechstück: Jeder Musiker nennt ein besonderes Wort, einen kurzen Satz, einen Wunsch oder seine Lieblingsessen, welches dann an der Tafel als Wort und darunter als Rhythmus notiert wird. Der Themenbereich kann individuell auf die Lerngruppe abgestimmt werden. Die Elemente sollten rhythmisch in einen 4/4-Takt passen. Später notiert sich jeder die entstandenen Bausteine auf einem Arbeitsbogen. Jetzt können die Bausteine verbal, mit Instrumenten oder als Geräusch gespielt werden. Eine Klangdifferenzierung kann durch eine deutliche Aussprache, verschiedene Lautstärken oder durch das Sprechen in verschiedenen Stimmlagen (kindlich, böse, ernst ...) erzeugt werden.

Zunächst sollten alle Bausteine jeweils viermal mit der ganzen Gruppe gesprochen geübt werden, damit die Rhythmisierung gesichert wird. Als nächste Stufe könnten sie auf Instrumenten gespielt werden. Wenn der Grundbeat z. B. auf einer Trommel (Conga, Djembe) begonnen hat, setzt ein Schüler nach dem anderen reihum ein. Nach vier Wiederholungen des Vordermannes mit einem ersten Baustein beginnt dann der nächste Spieler, einen zweiten Baustein als Endlosschleife zu sprechen und so fort, bis am Ende auch der letzte Schüler eingesetzt hat. Dann folgt der Abbau, indem der letzte noch zweimal seinen Baustein wiederholt und dann verstummt. Das setzt sich fort bis am Ende alle Schüler der Reihe nach verstummen und nur noch die Trommel als Grundbeat alleine zu hören ist.

Um noch näher an das Beispiel von Terry Riley zu kommen, sollte jeder die entstandenen Bausteine auf seinem Arbeitsbogen durch eine zufällige Nummerierung 1–20 in eine eigene Reihenfolge bringen, die so nur von ihm alleine gespielt wird. Um das Klangergebnis etwas zu strukturieren, kann man die Lerngruppe in drei oder vier gleich große Gruppen einteilen, deren Mitglieder dann jeweils gemeinsam mit dem Spielen ihrer individuellen Reihenfolgen beginnen. Verabredung könnte sein, dass jeder Baustein viermal wiederholt wird und man dann zum nächsten Baustein übergeht. Der Einsatz der nächsten Gruppe könnte auch nach vier Wiederholungen erfolgen. Das Ende ist somit klar definiert. Abgesehen vom Übungseffekt ist eine Aufnahme immer ein gutes Mittel, um die Konzentration der Lerngruppe wieder zu steigern.

Minimal-Instrumentalstück: Als nächste Stufe könnte jeder Schüler sich ein Instrument suchen, auf dem er seinen oder auch alle anderen Bausteine wiedergegeben kann. Man sollte wiederum mit dem Spielen des eigenen Bausteins beginnen. Jeder Musiker setzt damit kanonartig z. B. nach zwei Takten ein und spielt ihn als „Endlosschleife". Das Ende muss gemeinsam besprochen werden. Möglich wäre z. B., dass alle aufhören, wenn der letzte Musiker eingesetzt und seinen Baustein viermal gespielt hat. Direkt anschließend könnte man vier Takte Pause zählen, um dann im Tutti (italienisch „alle") nochmal alle Bausteine viermal gleichzeitig zu spielen.

Auch das Spielen aller Bausteine nach eigener Reihenfolge, wie oben mit dem Sprechen, ist reizvoll und nähert sich sehr der Originalversion von Riley an. Beeindruckend ist es auch für die Schüler, wenn man das Klangprodukt während des Spielens z. B. mit einem Smartphone aufnimmt, gemeinsam anhört, reflektiert, Verbesserungsvorschläge macht und mit dem Original von Terry Riley vergleicht.

2) Aus Rhythmusbausteinen werden Melodiebausteine

Für das Musizieren mit Melodiebausteinen steht zunächst ein pentatonischer Tonvorrat zur Verfügung. Jeder Textsilbe der genannten Wörter (Wünsche, Essen ...) soll nun jeweils ein Ton zugeordnet werden, sodass die Rhythmen zu kleinen Melodie-Motiven werden. Die ersten Melodie-Motive können gemeinsam an der Tafel erarbeitet und notiert werden.

> Tonvorrat: c1, d1, e1, g1, a1

Ordnet nun jeder Textsilbe eine Note aus dem Tonvorrat zu und notiert das Melodie-Motiv in dem Kasten unter dem Rhythmusbaustein. Spielt nun die Melodiebausteine genau wie schon auf S. 42 beschrieben.

Beispiel:

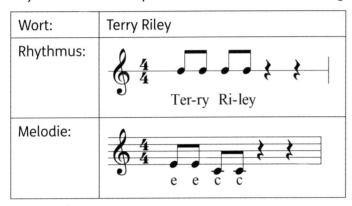

3) Melodiebausteine aus vorgegebenen Melodieverläufen erstellen

Wählt vier verschiedene Töne aus einer Oktave aus und notiert sie vom tiefsten bis zum höchsten Ton. Ordnet anschließend eure Töne den Melodieverläufen A–L (siehe Beispiel unten) zu und versucht, diese zunächst zur Orientierung stumm mit dem Finger auf dem Instrument und später mit einem Schlägel zu spielen.

Beispiel mit ausgewählten Tönen und Melodiebausteinen:

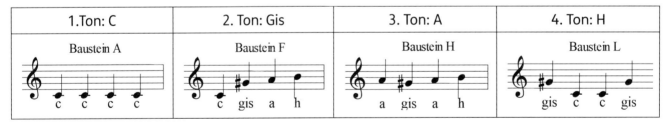

Die Melodiebausteine können auf verschiedene Weise gespielt werden: jeweils zwei, vier oder achtmal oder ganz frei, aber alle Bausteine müssen gespielt werden. Die Reihenfolge kann festgelegt oder frei wählbar sein, dabei sollte sich aber jeder für sich eine Reihenfolge notieren. Auf diese Weise endet das Stück, wenn jeder alle Bausteine gespielt hat.

Präsentationsmöglichkeiten und Musiziervarianten

Der durchgehende Viertelbeat sollte mit einem angenehmen Klang z.B. auf einer Trommel gespielt werden.

① *Die Bausteine 1–4 (oder 5–8; 9–12 ...) werden jeweils viermal gespielt. Die Reihenfolge darf frei gewählt werden.*

② *Ein Musiker beginnt mit Baustein Nr. 1. Wenn dieser auf Baustein Nr. 2 wechselt, beginnt ein zweiter Musiker mit Nr. 1 und so weiter. Am Ende läuft das Stück aus.*

③ *Alle beginnen gleichzeitig, wie im Original. Die Vorgabe für alle Musiker ist, dass jeder Baustein mindestens einmal gespielt werden muss.*

④ *Solo/Tutti verabreden: Ein Musiker spielt ein Solo aus vier Bausteinen, jeden Baustein viermal. Danach steigen alle (Tutti) ein und spielen z. B. Baustein Nr. 1 viermal. Dann spielt ein zweiter Musiker ein Solo aus 4 × 4 Bausteinen und danach spielen alle Baustein Nr. 2 viermal.*

⑤ *Man kann auch die Rhythmus-Bausteine mit den Melodie-Bausteinen mischen.*

⑥ *Jeder nimmt seine einzelnen Bausteine (4 × 4) mit dem Smartphone auf und gemeinsam werden sie dann als „Smartphone-Orchester" gleichzeitig oder auf das Handzeichen eines Dirigenten insgesamt viermal abgespielt. Bestimmt eine Person, die eine Gesamtaufnahme davon macht.*

⑦ *Plant einen eigenen Ablauf: Einsätze, Soli und Tutti, Lautstärke, Pausen, das Ende.*

⑧ *Komponiert ein Stück mit dem Titel „In G" und erstellt eigene Bausteine mit G als Grundton und als durchlaufendem Achtel-Grundbeat. Die Töne wären: g1, a1, h1, c1, d1, e1, fis1, g1. Lasst euch von den Bausteinen zu „In C" anregen. Ihr findet sie im Internet.*

⑨ *Spiele deine Melodie mit den verschiedenen Notenwerten jeweils 4-mal und wechsle dann zur nächsten Melodiereihe (II, III). Der nächste Musiker setzt ein, wenn der Vorgänger einen Durchgang gespielt hat.*

⑩ *Allmählicher Aufbau der Melodie*

Baut eure Komposition langsam Ton für Ton (in Vierteln!) auf und wieder ab. Spielt eure Komposition viermal, aber zunächst nur den 1. Ton, den Rest zählt ihr als Pause!

Nun spielt ihr den 1. und 2. Ton und zählt den Rest wieder als Pause, dann den 1., 2. und 3. Ton, etc., bis ihr am Ende die komplette Melodie viermal spielt. Danach folgt Ton für Ton der Abbau der Melodie, bis es in Stille endet.

Notenbeispiel für eine ausgewählte Melodie. Vorwärts und rückwärts spielbar:

Kompositionsbeispiel zu „In C" – „18.4.18"

Aus den Rhythmusbausteinen werden z.B. pentatonische Melodiebausteine

Name: _____ Datum: _____

Eigene Komposition nach Terry Riley „In C" (Kompositionsblatt I)

Name: _____ Datum: _____

Minimal Music mit Melodiebausteinen (Kompositionsblatt II)

Tonvorrat I: C, D, E, F, G, C	Tonvorrat II: C, D, E, F, G, A, H, C
Tonvorrat III: G, A, H, C, D, E, Fis	Tonvorrat IV: C, Cis, D, Dis, E, F, Fis, G, Gis, A, Ais, H

① *Wähle dir aus einem der Tonvorräte (I–IV) vier verschiedene und nebeneinander liegende Noten (z. B. IV: F, Fis, G, Gis) aus und erstelle daraus einen kleinen Melodie-Baustein, in dem jede Note zweimal vorkommt.*

   1. Ton: _____ 2. Ton: _____ 3. Ton: _____ 4. Ton: _____

② *Notiere deine Melodie aus acht Tönen (jeder Ton kommt zweimal vor!) in ganzen Noten:*

③ *Notiere und spiele deine Melodie zunächst langsam in acht halben Noten (2 Schläge).*

④ *Notiere und spiele deine Melodie in acht Viertelnoten.*

⑤ *Erstelle aus deinen Melodietönen zwei weitere Reihenfolgen und notiere wie oben:*

   a) *Reihenfolge II: (4. Ton), (3. Ton), (2. Ton), (1. Ton), (4. Ton), (3. Ton), (2. Ton), (1. Ton)*
      In 14 Takten: in acht ganzen Noten, dann acht halben Noten und acht Viertelnoten

   b) *Reihenfolge III: (2. Ton), (4. Ton), (3. Ton), (1. Ton), (2. Ton), (3.Ton), (4. Ton), (1. Ton)*

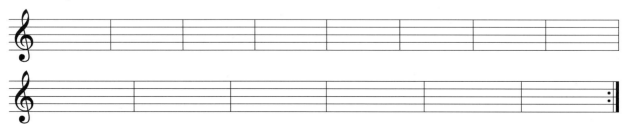

Name: _____   Datum: _____

Komponieren mit Melodieverläufen (Kompositionsblatt III)

Aufgaben:

① *Wähle vier Töne aus einer Oktave und notiere sie nach der Tonhöhe!*

   1.= tiefster = _____   2.= _____   3.= _____   4.= _____

② *Spiele die Bausteine* A *–* L *auf einem Stabspiel.*

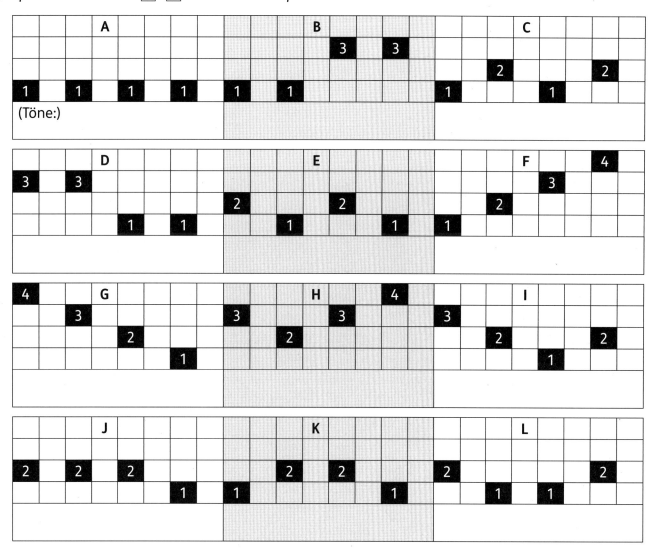

③ *Suche dir 2–4 weitere Musiker zum Spielen deiner Bausteine. Einer beginnt und spielt jeden Baustein viermal. Jeweils der nächste Spieler setzt nach der zweiten Wiederholung des Vordermannes ein.*

④ *Hörübungen: Die Lehrkraft spielt jeweils vier Bausteine vor und die Schüler versuchen, die gespielten Bausteine zu erkennen und notieren die Buchstaben in den Kästchen.*

   a) ☐☐☐☐   b) ☐☐☐☐   c) ☐☐☐☐   d) ☐☐☐☐

⑤ *Melodie-Diktat: Wie verlief die Melodie nach dem ersten Ton? Höher? (Pfeil nach oben), tiefer? (Pfeil nach unten), gleich? (Pfeil waagerecht)*

   a) ☐☐☐☐   b) ☐☐☐☐   c) ☐☐☐☐   d) ☐☐☐☐

Hans Werner Henze (1926–2012)
„Jeder ist ein Komponist"

Das Portrait des Komponisten Hans Werner Henze wurde von Rafael Gärtner gemalt
(14 Jahre, Schüler der Heinrich-Heine-Schule in Büdelsdorf)

Komponieren in der Schule

Am Ende des 20. Jahrhunderts schrieb der Komponist Hans Werner Henze das Buch „Komponieren in der Schule". Seine Vision war, dass musikalische Komposition als Pflichtfach eines Tages regelmäßig auf den Stundenplänen von Grund- und weiterführenden Schulen zu finden wäre. Er stellt das Komponieren auf eine Stufe mit der Fähigkeit zu zeichnen, zu malen oder einen Aufsatz zu schreiben – alles Kompetenzen, die in der Schule lehr- und erlernbar sind. Die Schüler sollen lernen, aus ihren eigenen Gedanken, Gefühlen und Wünschen tönende Gestalten zu machen, mit denen man tanzen und singen, lachen und weinen kann. Für Hans Werner Henze wäre das, „die beste Art von konstruktivem Widerstand, eine Art von Sensibilisierungspolitik, eine staatlich geförderte Maßnahme gegen Entseelung, Vermassung, und Verrohung [...]" Jungen Menschen die Schönheit und den Reichtum der Künste nahezubringen, könne nach Henze dazu führen, Vereinsamung und Verzweiflung, Heimweh und Orientierungslosigkeit zu mildern oder gar zu heilen. Der kreative Umgang mit Tönen sei dazu geeignet, dem seelischen Haushalt von Kindern und Jugendlichen starke und wesentliche Öffnungen und Bereicherungen zu vermitteln.

In seinem Buch stellt Henze seine „Methode" vor, die man sowohl bei Kindern, Jugendlichen als auch mit Erwachsenen anwenden kann. Eigene Erfahrungen sammelte Henze mit dieser neuen Methode in seiner Komponistenwerkstatt in Deutschlandsberg in der Weststeiermark. Mittlerweile ist sein Impuls von seinen Kompositionsschülern aufgenommen und an verschiedene Institutionen wie Universitäten, Musikschulen und Regelschulen weitergetragen und vielfältig verbreitet und umgesetzt worden. Wichtig ist nach Henze, dass der Lehrende den Lernenden behutsam an die Hand nimmt, ihm den Weg weist und diesen selbst seiner Welt zuführt. Dazu muss der Lehrer durch persönliche Gespräche etwas von dem Wesen des anderen verstehen. Manchen Menschen fällt es ja schwer, über sich selbst zu sprechen – das sind nach Henze zuweilen diejenigen, „die in der Musik alles sagen können und sich musikalisch austoben, dass es donnert." Somit ist es Aufgabe des Lehrers, die Menschen bei der Entwicklung ihres eigenen Ausdrucks- und Darstellungsvermögens zu unterstützen, sie zu beraten und ihnen bei der Lösung technischer Probleme zu helfen.

Zur Umsetzung des Unterrichtsprojekts „Komponieren in der Schule"

In seinen Kompositionskursen sagte Henze seinen Schülern als Ermutigung zum eigenen Schaffen: „Alles ist möglich!" Damit meinte er, dass man sich im Kopf nicht begrenzen solle, sondern jede eigene musikalische Idee an sich gut, wertvoll, unbedingt erwünscht und absolut hörenswert sei.

Am Anfang eines Kompositionsprozesses soll nach Henze jeder Kompositionsschüler ein Gedicht von ca. 6–12 Zeilen verfassen, in dem drei Farben erwähnt werden. Auf der Grundlage dieses Gedichts soll dann die eigene Komposition entstehen. Das Gedicht selber bleibt „geheim" und spielt nur für die Entwicklung der eigenen Komposition eine Rolle. Der Schüler und die Lehrkraft sprechen dann in Ruhe über Inhalt und Form des Textes und überlegen, welche Elemente darin stecken, die man musikalisch umsetzen kann: Linien, Flächen, Stimmung, Charakter, Farben, Formen, Gedanken, Bewegung, Zeit, Harmonie, Disharmonie, Konflikte, Probleme ... Durch intensives Fragenstellen an das Gedicht lassen sich musikalische Ideen herausarbeiten und bewusst machen. Es geht hierbei um den Schritt aus der Imagination in die Realität, um das Hörbarmachen von Strukturen und Elementen. Die Herausforderung für den „Tutor" ist es, sich voll und ganz auf den Schüler einzustellen, ihm mit leeren Händen und offen zu begegnen und sich auf dessen Gedanken- und Gefühlswelt einzulassen. Das ist natürlich ein hohes Ziel und mit älteren Schülern sicher leichter umzusetzen. Bei jüngeren Menschen bedarf es konkreterer Hilfsstellungen und didaktischer Reduktion.

Als Text könnte man den Schülern auch eine Gedichtform wie Haiku, Elfchen oder Rondell vorschlagen und für die Entwicklung der musikalischen Ideen sollte man gemeinsame musikalische Versuche vorschalten, um so einen musikalischen „Wortschatz" zu erarbeiten. Ebenso könnte man auch eine Zeitvorgabe für die maximale Länge der Komposition von z. B. 20 Sekunden machen. Auf diese Weise haben die Schüler das Gefühl, dass es zu schaffen ist und werden so vielleicht auch zu weiterer Kompositionen ermutigt, die dann auch eine längere Dauer haben dürfen. Neben dem Gespräch mit der Lehrkraft könnte man den Schülern auch Fragen an das eigene Gedicht an die Hand geben, die sie dann entweder mit einem Partner oder im Einzelgespräch mit der Lehrkraft stichwortartig auf einem Blatt beantworten (siehe S. 53).

Damit junge Menschen über Gefühle oder besondere Situationen nachdenken können, müssten dazu Übungen im Unterricht durchgeführt werden, um die Schüler dafür zu sensibilisieren und ihren musikalischen und emotionalen Wortschatz zu erweitern oder zu aktivieren. Das kann durch gemeinsam oder in Gruppen angefertigte Cluster oder Mind-Maps geschehen oder z. B. durch das Erstellen von eigenen „Tabu-Karten" zu ausgewählten Oberbegriffen. Dort muss man versuchen, einen Begriff zu erklären, ohne bestimmte, vorher festgelegte Begriffe zu verwenden. Somit ist man gezwungen neue Worte zu verwenden und ausführlich zu umschreiben. Auf diese Weise erweitert sich der eigene Wortschatz. Anschließend stellt sich die Frage, wie man diese differenzierten Umschreibungen auch musikalisch umsetzen kann. Die Übertragung erfordert Mut zum Ausprobieren und zum Verwerfen und zum Suchen nach einer passenden musikalischen Umsetzung – es soll ja etwas Neues und Eigenes entstehen.

Die Lösungen zu den Aufgaben finden Sie ab S. 62.

Zur Biografie von Hans Werner Henze

Der deutsche Komponist, Hans Werner Henze, wurde am 1.7.1926 in Gütersloh geboren. Er ist das älteste von sechs Kindern des Lehrers Franz Henze und seiner Frau Margarete. Sein Vater leitete neben der Lehrertätigkeit einen Arbeiterchor.

Seine gesamte Kindheit verbringt Hans Werner Henze in Ostwestfalen. Schon früh beschäftigt er sich mit Literatur und liest besonders die in der Nazizeit verbotenen Autoren Trakl, Wedekind, Zweig und Brecht. Mit 16 Jahren bekommt er ein Stipendium für die Braunschweiger Staatliche Musikschule, in deren Orchester er Pauker wird. Sein Vater fällt an der Ostfront im Zweiten Weltkrieg und er selbst wird auch noch für wenige Wochen eingezogen. Nach dem Krieg arbeitet Henze zunächst als Transportarbeiter, um seinen Lebensunterhalt bestreiten zu können und hilft als Korrepetitor am Bielefelder Theater aus. 1946 nimmt Henze am ersten der berühmten Darmstädter Ferienkurse für Neue Musik teil, durch welche die Zwölftontechnik Arnold Schönbergs in Deutschland bekannt gemacht wurde. Er studiert Kirchenmusik und nimmt Kompositionsunterricht bei Wolfgang Fortner, René Leibowitz und Josef Rufer, einem aus dem Exil zurückgekehrten Schönberg-Schüler. Im Jahre 1947 entstand Henzes erste Sinfonie nach neoklassischem Vorbild. 50 Jahre später vollendet er seine neunte Sinfonie, zum Gedenken an seinen toten Vater. In diesem anspruchsvollen Werk verarbeitet er Texte aus dem antifaschistischen Roman „Das siebte Kreuz" von Anna Seghers. Von 1948–1949 ist Henze musikalischer Leiter des Deutschen Theaters in Konstanz und von 1950–1953 künstlerischer Leiter des Balletts am Staatstheater Wiesbaden.

Als sich die Stimmung unter den neuen Komponisten in seiner geistigen Heimat Darmstadt wandelt und unbewegliche musikalische Ansichten an die Stelle von musikalischer Vielfalt treten, zieht sich Hans Werner Henze in ein kleines Haus auf der italienischen Insel Ischia zurück. Zu der Schriftstellerin Ingeborg Bachmann entwickelt sich eine enge Freundschaft. Sie schreibt für ihn die Libretti, also den Text, für seine Opern „Der junge Lord" und „Prinz von Homburg" und Henze vertont einige ihrer Gedichte wie z. B. die „Neapolitanischen Lieder", die er Dietrich Fischer-Dieskau widmet.

Für seine eigenen Kompositionen verwendet Henze sowohl die herkömmliche als auch die freie Tonalität, also die Tonsprache der Neuen Musik. Er verknüpft serielle Methoden und spätromantische Elemente in seinen farbigen und ausdrucksstarken Werken. Gegen Ende der 1960er-Jahre wird Henzes Werk sozialkritischer und politischer. Sein Oratorium „Das Floß der Medusa" widmet er dem kubanischen Revolutionär Che Guevara. Er komponiert in vielfältigen Stilen z. B. Sinfonien, Opern, Ballette und Kammermusik, die bis heute in deutschen Opern- und Konzerthäusern aufgeführt werden.

Henze sah es als seine Aufgabe, viele Menschen zu neuen Projekten anzuregen. Zum Beispiel gründete er 1976 das Festival „Cantiere internazionale d´arte" im toskanischen Montepulciano, 1988 die „Münchner Biennale für neues Musiktheater" oder er ermutigte jungen Menschen durch seinen Ansatz „Komponieren in der Schule" (1997) zum eigenen Komponieren. Hans Werner Henze starb am 27. Oktober 2012 im Alter von 86 Jahren in Dresden, wo kurz zuvor an der Semperoper seine Anti-Kriegsoper „Wir erreichen den Fluss – We come to the river" in Anwesenheit des Komponisten aufgeführt wurde.

Aufgabe:

Recherchiere und erstelle eine Powerpoint-Präsentation zum Thema Hans Werner Henze: Bilder, Orte, Personen, Noten, Werke, weltweite Konzerte mit Werken von Henze mit Datum. Beschrifte die Bilder passend.

Zum Werk „Bewusst – sein" von Martin M. Seifert nach dem Ansatz von Hans Werner Henze

Das Stück „Bewusst – sein" (CD-Tracks 3–5) von Martin M. Seifert entstand im November 1999 im Rahmen eines Seminars zum Thema „Satzlehre und Komposition" bei Prof. Dr. Herbert Bruhn an der Universität in Kiel und wurde am 31. Januar 2000 uraufgeführt. Das Seminar beschäftigte sich mit dem Ansatz von Hans Werner Henze „Komponieren in der Schule" und wollte angehenden Musiklehrern dieses Konzept näherbringen und sie dazu anregen, dieses später im Musikunterricht mit Schulklassen umzusetzen. Ausgangspunkt war, Henzes Anregung folgend, ein eigenes Gedicht oder Text.

> Das Gedicht von Martin M. Seifert, aus dem die Komposition entwickelt wurde:
>
> **Bewusst – sein**
>
> An unsichtbaren Fäden hängt unser Leben,
> Außen und innen beginnen wir zu weben.
> Geburt und Tod, ein ständiges Fragen,
> Zufall oder Faden?
>
> An sichtbaren Farben hängt unser Auge.
> Überall regt sich ein rastlos schnelles Leben – wohin?
> Schwierigkeit, das Eigentliche zu erkennen,
> Das geistige Reiche – vom Armen bewusst zu trennen.
>
> Immerfort ein ständiges Fragen,
> Ist es Farbe oder Faden?

Das Stück ist für zwei Querflöten, Saxophon, Gitarre, Violoncello, Klavier und Techno-Beat geschrieben. Es ist atonal komponiert und besteht aus drei Teilen.

Teil I ist überschrieben mit „sentito, suchend" und soll durch seine zarten Tonreihen die Suche nach Sinn und Wahrheit im Leben und hinter den Dingen ausdrücken. Die Wiederholungen und die auf- und abwärts verlaufenden Linien drücken die fortwährenden Gedanken und Fragen in uns aus, die man sich über die Welt macht.

Teil II ist überschrieben mit „tranceartig" und beginnt mit einem krassen Techno-Beat, der den technischen Fortschritt in unserer Gesellschaft darstellen soll, der uns manchmal überrollt, uns manipuliert und aus dem Takt oder in einen neuen Takt bringt. Es besteht die Gefahr, dass wir das Wesentliche aus dem Blick verlieren und uns von uns selbst entfernen. Die menschlichen, nicht perfekten „Sucher", die echten Instrumente, versuchen im Laufe des zweiten Teils wieder die Oberhand über die Technik zu gewinnen.

Teil III „tempo giusto, con anima" greift die menschliche Suche nach Erkenntnis aus Teil I auf und entwickelt sie weiter. Durch Wiederholungen kleiner Motive entstehen Klangflächen, die wiederum von Tonreihen durchzogen sind. Es geht um den Schein und das Sein der Dinge im Leben. Um die Suche nach Wesentlichem z. B. im Lichtermeer der Städte. Das Fragen hört nicht auf, aber es wird immer schwerer bei all den Verlockungen, das Wesentliche vom Unwesentlichen zu unterscheiden.

Name: _____ Datum: _____

Aufgaben zum Werk „Bewusst–sein" von Martin M. Seifert

① *Höre dir das Stück „Bewusst–sein" von M. M. Seifert an (Tracks 3–5) und formuliere ein „Like und Dislike" (siehe S. 17).*

② *Welche Instrumente kannst du heraushören?*

③ *Welche Auffälligkeiten gibt es in dem Stück? Welche Aussage könnten sie haben?*

_____

_____

_____

④ *Beschreibe deinen Klangeindruck und gib jedem der drei Teile eine eigene Überschrift.*

Teil I: Track 3	Teil II: Track 4	Teil III: Track 5

⑤ *Präge dir die zwölf Motive ein. Ein Motiv endet jeweils beim doppelten Taktstrich. Welches Motiv wird von welchem Instrument (siehe Aufgabe ②) gespielt?*
Schreibe die Instrumentennamen in die Kästen.

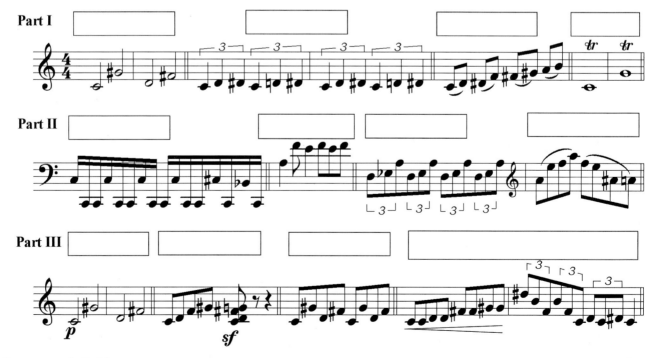

Aufgaben und Anregungen zur Erstellung eigener Kompositionen

Die Schwierigkeit beim eigenen Komponieren ist oft das fehlende Vertrauen in die eigenen Fähigkeiten und der Mangel an Mut, eigene Ideen zu entwickeln. Somit muss neben dem Vermitteln der musikalischen Grundlagen (Notenlehre, Takt, Rhythmus, Melodie, Harmonik) den Schülern Mut gemacht werden, dass sie das Komponieren lernen können, und darüber hinaus muss es ihnen gelingen, das eigene „Werk" als wertvoll zu betrachten.

Vor dem Beginn bietet es sich an, mit den Schülern gemeinsam leicht nachvollziehbare und umsetzbare Vorübungen zu machen. Sie könnten eine kleine Geschichte nur mit einem Ton erzählen und präsentieren sowie Intervalle (siehe S. 13) und Akkorde bestimmten Gefühlen zuordnen und in Tabellenform notieren. Daneben kann man mit den Schülern „Wortfelder" erarbeiten und den Wortschatz zu bestimmten Bereichen erweitern, um so ihre Ausdruckfähigkeit und damit gleichzeitig die musikalische Wahrnehmung zu sensibilisieren. Auch Farben lassen sich Gefühlen und bestimmten Stimmungen zuordnen und schriftlich festhalten, um diese dann musikalisch umzusetzen. Im Mittelpunkt steht stets die Frage, wie man den emotionalen Gehalt einer Geschichte oder einer Person transportieren kann. Dazu kann auch die Untersuchung von Filmmusik dienen.

Ein anderer Ansatz könnte sein, sich für seine Komposition eine gegebene Form (Vorschläge siehe anschließende Liste) zu suchen und diese dann in einem eigenen Text zu verarbeiten und schließlich in musikalische Ideen zu übertragen.

Liste mit Kompositions- und Textideen als Anregung für die eigenen Kompositionen:

#Tagebuch #TV-Programm #Telefonliste #Klassenliste #WhatsApp-Chat #SMS #Mail #Instagram-Seite #Facebook-Seite #Foto #Bild #die zwölf Monate #die 7 Tage #24 Stunden #60 Sekunden #bestimmte Uhrzeiten #besondere Plätze oder Gebäude #Restaurant #die Sternzeichen #die Planeten #die Elemente Feuer, Wasser, Luft und Erde #das Alphabet #Farben #Materialien #Zahlen #Länder #Tiere #Landschaften #Tageszeiten (morgens, mittags, abends, nachts) #Tod #Geburt #Figuren #Personen #Ereignisse #Feste #Festtage #Bibelgeschichten #Straßen #Flüsse #Meere #Berge #Gefühle #Liebe #Lebensalter #Rechenaufgaben #Schule #Wetter

Wortfelder als Vorlage

Wortfelder inhaltlich verwandter Begriffe bilden ein weiteres interessantes Inspirationsterrain, so z. B. das Wortfeld „gehen": schlendern, rasen, laufen, hinken, stolpern, flanieren, rennen, humpeln, sprinten, schleichen …

Um zu eignen Ideen zu kommen, kann ein Brainstorming oder das Anfertigen eines Clusters oder einer Mind-Map hilfreich sein.

Name: _____ Datum: _____

Der Weg zur eigenen Komposition

Aufgabe:

Führe mit der Lehrkraft oder einem Partner ein Gespräch zu deinem Text und beantworte die Fragen stichwortartig.

Frage	Antwort	Persönliches Gefühl	Musikalische Umsetzung? Instrument? Noten?
Farbe? Farbe? Farbe?			
Wetter?			
Stimmungen?			
Gefühle?			
Menschen? Tiere?			
Anzahl: Strophen, Verse, Wörter, Buchstaben …			
Ort?			
Geräusche?			
Klänge?			
Sprache?			
Wohin geht der Blick?			
Streit? Harmonie?			
Überraschung?			
Was passiert?			
Wie viel Zeit vergeht?			

Weitere Ansätze zum kreativen Komponieren Neuer Musik

Im folgenden Teil werden weitere konkrete Aufgaben zum kreativen Komponieren präsentiert. Zum einen verwenden wir Ansätze aus der Aleatorik, also dem Komponieren mithilfe von Würfeln und zum anderen suchen wir nach Wegen, wie man einen Text oder ein Bild in Musik umsetzen kann.

Komponieren ist angewandte Notenlehre und somit immer eine gute Möglichkeit, die Grundlagen der Notenlehre zu wiederholen und den Schülern zu zeigen, dass Noten ein ganz konkretes Werkzeug sind. Ebenso sollen sich die jungen Komponisten mit Instrumentenklängen, Klangfarben, Dynamik, Rhythmus, Lautstärke, und Ausdruck beschäftigen und auseinandersetzen. Während der Erstellung bekommen die Schüler wiederholt Gelegenheit, die Vielfalt der im Musikraum vorhandenen Instrumente kennenzulernen und auszuprobieren. So werden sie durch die Auseinandersetzung mit ihren Kompositionen auch allgemein für die verschiedenen Parameter der Musik sensibilisiert und danach in der Lage sein, Musik differenzierter wahrzunehmen.

Die verschiedenen Aufgaben sollen die Schüler ermutigen, selbst Musik zu komponieren und ebenso soll die Freude am aktiven und gemeinsamen Musizieren geweckt werden. Sollten in der Lerngruppe fortgeschrittene Instrumentalisten sein, so können diese ihre Kompositionen auf dem eigenen Instrument spielen. Ebenso lassen sich Rechercheaufträge in Umfang und Niveau durchaus differenzieren, indem Leistungsfähigere sich ein Thema möglichst selbstständig erschließen und selbst die Form der Präsentation auswählen. Für Schüler mit wenig Erfahrung kann das Thema eng eingegrenzt und mit konkreten Fragen gelenkt werden. Die Aufgaben mit den Würfeln lassen sich beliebig differenzieren und z. B. auf andere und mehr Töne, Klänge oder Instrumente übertragen. Mehr Töne würde bedeuten, dass mit zwei, drei oder mehr Würfeln gearbeitet wird. Auch die Länge des Stückes kann variieren, von beispielsweise nur zwei bis zu acht Takten.

Wichtig ist, dass die Kompositionen in der Gruppe präsentiert werden und die Schüler sie gegenseitig wahrnehmen und sich Rückmeldung geben. Ein möglicher Ablauf wäre, dass die Schüler ihre Komposition der Reihe nach vorspielen und der Lehrer zwischen den einzelnen Kompositionen ein kurzes Zwischenspiel spielt, um einen möglichst flüssigen Ablauf zu gestalten. Es bietet sich an, diesen Ablauf mehrmals durchzuführen, da sich die Schüler erfahrungsgemäß im Vortrag ihres Stückes verbessern wollen. Anschließend, wenn alle ihre Komposition spielen können, kann man in unterschiedlichen Abläufen musizieren:

a) Es werden Solisten bestimmt, die ihre Komposition alleine spielen. Anschließend setzen alle ein und spielen gleichzeitig ihre Komposition einmal mit Wiederholung.

b) Mit einem Smartphone wird eine Aufnahme eines bestimmten Ablaufs erstellt und diese anschließend besprochen.

c) Man kann am Ende der Stunde eine „Abschiedssinfonie" musizieren und diese mit dem gemeinsamen Aufräumen verbinden. Der Lehrer könnte die Anekdote von Haydn und dem Anlass für seine Abschiedssinfonie kurz anreißen und dann gibt er einem Schüler nach dem anderen ein Einsatzzeichen, und sie beginnen, ihr Stück so lange zu spielen, bis sie ein zweites Zeichen zum Aufhören erhalten. So baut sich ein großer Gruppenklang auf und nimmt dann wieder ab. Wenn ein Schüler das Zeichen zum Aufhören bekommen hat, räumt er sein Instrument und die Schlägel sorgfältig und leise weg und darf gegebenenfalls den Raum verlassen.

Name: _____ Datum: _____

Aleatorische (gewürfelte) Musik I

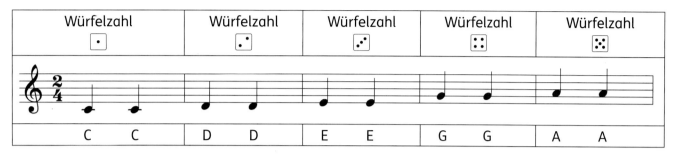

⠀⠀= Joker, ein Ton darf frei gewählt werden!

Unsere Komposition I

① *Würfle abwechselnd und schreibe die Zahlen in die vier Kästchen.*

② *Lies die gewürfelten Noten oben ab und notiere sie jeweils als zwei Viertelnoten.*

③ *Schreibe die Notennamen (Buchstaben) zur leichteren Spielbarkeit auf die Striche.*

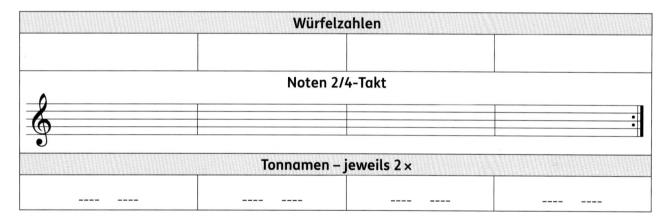

④ *Übe nun deine gewürfelte Komposition gemeinsam und gleichzeitig mit deinem Partner zunächst stumm mit dem Finger und dann mit einem Schlägel auf einem Stabspiel. Spielt eure Komposition immer mit Wiederholung.*

⑤ *Jedes Team präsentiert seine Komposition reihum und die Lehrkraft könnte zwischen den einzelnen Kompositionen als Übergang ein kleines Zwischenspiel spielen. Am Ende könnte man alle Kompositionen einmal gleichzeitig (tutti!) mit Wiederholung erklingen lassen.*

⑥ *Als Abschluss bietet sich eine sogenannte „Abschiedssinfonie" an. Jedes einzelne Team bekommt nach und nach ein Einsatzzeichen und beginnt solange zu spielen, bis es wiederum das Zeichen zum Aufhören bekommt. Dann räumt das jeweilige Team sein Instrument und die Schlägel leise weg, während die anderen weiter spielen bis auch das letzte Team das Zeichen zum Verstummen bekommen hat. Die Musik endet in Stille und der Musikraum ist aufgeräumt.*

Name: _____   Datum: _____

Aleatorische (gewürfelte) Musik II

| c | cis | d | dis | e | f | fis | g | gis | a | ais | h | c |

Wähle fünf Töne aus und ordne diese den Würfelzahlen 1–5 zu. Trage sie auch als Noten und Notennamen ein.

Würfelzahl ⚀	Würfelzahl ⚁	Würfelzahl ⚂	Würfelzahl ⚃	Würfelzahl ⚄
Ton 1:	Ton 2:	Ton 3:	Ton 4:	Ton 5:

⚄ = Joker, ein Ton darf frei gewählt werden!

Unsere Komposition II

① *Würfle abwechselnd und schreibe die Zahlen in die vier Kästchen.*

② *Notiere die gewürfelten Noten jeweils als zwei Viertelnoten und zusätzlich als Buchstaben.*

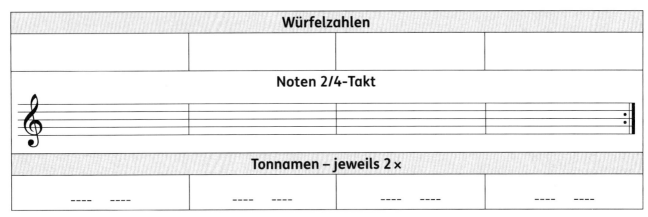

Würfelzahlen			

Noten 2/4-Takt

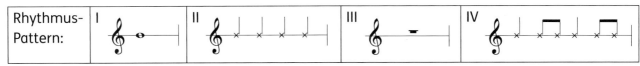

Tonnamen – jeweils 2 ×

---- ----	---- ----	---- ----	---- ----

③ *Übe deine Komposition zunächst stumm mit den Fingern und dann mit einem Schlägel auf einem Stabspiel. Spiele dein komplettes Stück in jedem Pattern I–IV zweimal mit Wiederholung.*

Rhythmus-Pattern:	I	II	III	IV

④ *Spielt eure Komposition kanonartig und mit jedem Pattern (I–IV) viermal. Ein Team beginnt und alle setzen dann der Reihe nach, jeweils nach einer Wiederholung des ersten Patterns, ein.*

⑤ *Als Variante können die Spieler auch selbst entscheiden, wie oft sie Ihre Melodie mit welchem Pattern spielen wollen. Die Lehrkraft sollte den wichtigen Grundbeat mit einer Trommel während der gesamten Präsentation als Tempoorientierung spielen. Besonders interessant hört es sich an, wenn alle leise spielen und bei Musizieren aufeinander hören.*

Name: _____ Datum: _____

Texte in Musik übersetzen

Töne: Die 29 Buchstaben sind jeweils einem Ton und einer Tonlänge zugeordnet. Zeichen wie (., ?, !) werden von einem Schlaginstrument und als zwei Achtel gespielt.

0	1	2	3	4	5	6	7	8	9	10	11	12
A	B	C	D	E	F	G	H	I	J	K	L	M
C1	Cis1	D1	Dis1	E1	F1	Fis1	G1	Gis1	A1	Ais1	H1	C2

13	14	15	16	17	18	19	20	21	22	23	24	25
N	O	P	Q	R	S	T	U	V	W	X	Y	Z
Cis2	D2	Dis2	E2	F2	Fis2	G2	Gis2	A2	Ais2	H2	C3	Cis3

26	27	28	29	30	31	32	33
Ä	Ö	Ü	ß	(.)	(?)	(!)	„Rest!"
C1 E1	D2 E1	Gis2 E1	Fis2 Fis2	Trommel	Claves	Triangel	Shaker

Tonlängen: **Vokale (A, E, I, O, U)** werden als ganze Note und die **Konsonanten BCDFGHJKLM jeweils als** halbe Note und die **Konsonanten NPQRSTVWXYZ** als Viertelnoten gespielt. Beispiel, wie ein „Text" in ein notiertes „Musikstück" übersetzt werden kann:

Beispiel
Vorname und Name: Arnold Schönberg

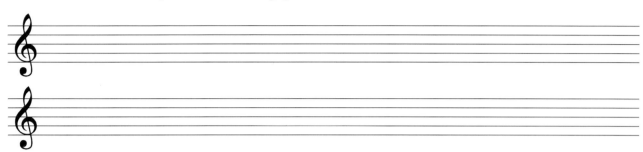

Name: _____   Datum: _____

Aufgaben

① *Übersetze nun in Noten: „Arnold Schönberg, geboren am 13.9.1874 in Wien."*

② *Suche dir Texte oder verfasse sie selbst und übersetze sie dann nach dem vorgestellten System in ein Musikstück. Man könnte auch eine SMS, einen WhatsApp-Einzel- oder Gruppen-Chat verfassen oder einen bereits existierenden Chat verwenden und dann als Komposition notieren und mit verteilten Parts musizieren.*

Mögliche Textsorten

#Name #Adresse #Haiku #Fabel #Gedicht #Wunschzettel #Elfchen #Dialog #Liedtext #Rechenaufgabe #Gebet #LOL #YOLO …

Lösungen ab S. 62

Name: _____   Datum: _____

Musik nach Farben, Entfernungen und Intensitäten

Voraussetzung: Die zwölf Farben werden jeweils einem der zwölf Halbtöne zugeordnet. Diese Zuordnung ist ein Vorschlag und kann ganz frei geändert oder reduziert werden.

		H	12 (Schwarz)	1 (Weiß)	C		
	Ais	11 (Orange)			2 (Gelb)	Cis	
A	10 (Rot)					3 (Hellgrün)	D
Gis	9 (Magenta)					4 (Dunkelgrün)	Es
	G	8 (Violett)			5 (Türkis)	E	
		Fis	7 (Blau)	6 (Hellblau)	F		

Aufgaben:

① *Male den Farbkreis in den genannten Farben an.*

② *Suche dir ein Bild, einen Bildausschnitt oder ein Foto deiner Wahl in der Größe 10 × 10 cm.*

③ *Setze mit einem Stift oder der Zirkelspitze auf dem Bild mit geschlossenen oder geöffneten Augen 4, 8, oder 12 Punkte und nummeriere diese. Die Bildfarbe an der genauen Stelle des jeweiligen Punktes gibt die Tonhöhe an (siehe Farbkreiszuordnung) und aus der Entfernung (in cm) zwischen den Tönen ergibt sich dann die Tondauer. Die Entfernung zwischen dem ersten und dem zweiten Punkt ergibt die Tondauer des ersten Tons usw. Der letzte Ton soll immer als ganze Note gespielt werden. Zum Beispiel 0–1 cm Entfernung soll als Viertel gespielt werden und eine Entfernung im Bereich 1–3 cm als punktierte halbe Note (drei Schläge). Schätze die Intensität der Farben an den gesetzten Punkten auf einer Skala von 1–5 subjektiv ein und notiere deinen Wert in der Tabelle. Daraus folgt musikalisch die zu spielende Lautstärke: Je intensiver die Farbe, desto lauter wird gespielt.*

Lautstärke nach der Stärke der Farbe auf einer Skala von 1–5

1 (Farbe: sehr intensiv)	2	3	4	5 (Farbe: schwach)
ff (fortissimo, sehr laut)	f (forte, laut)	mf (mezzoforte, mittellaut)	p (piano, leise)	pp (pianissimo, sehr leise)

Tondauer: Aus der gemessenen Länge ergibt sich die Tondauer

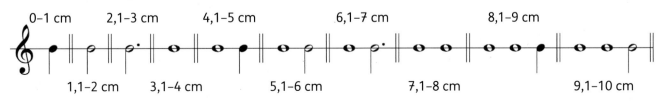

Name: _____ Datum: _____

Zwölftonmusik nach Farben, Entfernungen und Intensitäten

Aufgaben:

① *Trage die Information zu **Farbe** (Tonhöhe), **Entfernung** (Tondauer) und **Farbintensität** (Lautstärke) zu den zwölf gesetzten Punkten in die weißen Felder der Tabelle ein und suche dann die dazugehörigen Informationen aus den Vorgaben auf S. 59 heraus und trage sie in die grauen Felder ein.*

Punkt	1	2	3	4	5	6	7	8	9	10	11	12
Punktinfo: Farbe (Wort oder Farbe)												
Ton												

	1	2	3	4	5	6	7	8	9	10	11	12
Punktinfo: gemessene Tonlänge in cm												X
Tondauer: Notenwert												ganze Note

	1	2	3	4	5	6	7	8	9	10	11	12
Punktinfo: Farbintensität (1–5)												
Lautstärke (ff, f, mf, p pp)												

② *Notiere dein Zwölf-Punkte-Stück in Notenform und übe, es auf einem Stabspiel zu spielen.*

Titel _____ *Komponist* _____

Ort, Datum der Uraufführung _____

Möglichkeiten und Varianten für die Präsentation

a) *Spiele deine Farbkomposition stets mit Wiederholung.*

b) *Spiele deine Komposition in einer höheren oder tieferen Lage.*

c) *Spiele deine Komposition auf einem anderen Instrument.*

d) *Spiele deine Komposition mit 1–4 Partnern als Kanon und mache eine Tonaufnahme.*

e) *Versuche, einen Text zu deiner Melodie zu finden und singe diesen mit mehreren Gruppenmitgliedern.*

f) *Möglicher Ablauf: 1 × mit Wiederholung, 1 × in höherer und 1 × in tieferer Lage, nur Text, gesungen mit Text und Instrumenten.*

Bewertungsbogen für Präsentationen Neuer Musik

Name _____ Klasse _____ Datum _____

	sehr gut 1	gut 2	befriedigend 3	ausreichend 4	mangelhaft 5	ungenügend 6
Allgemeines Verhalten?						
Gleichmäßiges Tempo? (Zeit)						
Unterschiedliche Lautstärken?						
Zusammenspiel? (Hören)						
Gemeinsamer Anfang?						
Gemeinsames Ende?						
Konzentration?						
Engagement?						
Musik passt zum Titel?						

Platz für weitere Bemerkungen:

Berechnung der Endnote:	Ergebnis:
Alle neun Teilnoten addieren und am Ende das Ergebnis durch neun teilen.	

Bewertungsvorschlag

Test Repertoire Neue Musik					
1	2	3	4	5	6
20	19–18	17–16	15–13	12–7	6–0
20–19	18–16	15–13	12–10	9–6	5–0
20–18	17–15	14–11	10–7	6–4	3–0

Pro richtig erkanntes Werk: 1 P

Lösungsschlüssel

Seite 9: Gitterrätsel zur Neuen Musik

	D	O	D	E	K	A	P	H	O	N	I	E						
				T								O	P	U	S			
F		D	I	S	S	O	N	A	N	Z	E	N				S		
F	L			N												L		
U				A				R	E	I	C	H			M	O		
X				L											E			
U										N					L	U		
S	C	H	Ö	N	B	E	R	G		A	L	E	A	T	O	R	I	K
W						L				U					D	A		
E						A				E					I	U		R
R	I	L	E	Y		S				M					E	F		H
K						S				U					F			Y
E						T				S					Ü			T
	Z	W	Ö	L	F	T	O	N	M	U	S	I	K		H			H
						T				K	U				R			M
K	O	M	P	O	N	I	E	R	E	N	T				U	R		U
						I				T					N			S
										A					G			
	M	I	N	I	M	A	L	M	U	S	I	C		G				

Seite 13:

① C1, G1, F1, A1/D1, H1, C2, E1/Cis1, Gis1, Fis1, Ais1/Cis2, Dis1, Des1, As1/Ges1, B1, Es1, Des2

②

③ Quarte, Quinte, Oktave, kleine Terz, kleine Sexte

Seite 26: Suite für Klavier op. 25 R (Reihe, Grundstellung)

1	2	3	4	5	6	7	8	9	10	11	12
E	F	G	Des	Ges	Es	As	D	H	C	A	B

Seite 51:

② 2 Querflöten, Saxophon, Gitarre, Cello, Klavier, Techno-Beat

⑤

Part I	Querflöte	Saxophon	Klavier	Cello
Part II	Techno-Beat	Cello	Klavier	Querflöte
Part III	Querflöte	Klavier	Gitarre	Saxophon

Seite 58:

Materialvorschläge zur Lernerfolgskontrolle

Unterrichtsprojekt I: Arnold Schönberg – Zwölftonmusik

Grundwissen „Notenlehre"	S. 12, 13
Wissen zur Neuen Musik und Fluxus	S. 10, 18, 19
Fragen zur Biografie	S. 22–24
Erklären und Anwenden der Grundprinzipien der Zwölftonmusik	S. 26–34

Unterrichtsprojekt II: Terry Riley – Minimal Music

Grundwissen „Notenlehre"	S. 12, 13
Wissen zur Neuen Musik und Fluxus	S. 10, 18, 19
Fragen zur Biografie	S. 37
Erklären der Grundprinzipien von Minimal Music	S. 38–45
Zum Stück „In C":	S. 38

Unterrichtsprojekt III: Hans Werner Henze – Komponieren in der Schule

Grundwissen „Notenlehre"	S. 12, 13
Wissen zur Neuen Musik und Fluxus	S. 10, 18, 19
Fragen zur Biografie	S. 49
Henzes Ansatz „Komponieren in der Schule"	S. 47–48, 50–51
Zum Stück „Bewusst - sein":	S. 50–51

Literaturverzeichnis

J. Aikin/J. Rothstein: *Der Komponist von „In C" erforscht indische Quellen und Synthesizer-Solo-Spiele*; Programmheft Pro Musica Nova, Bremen 1982, S. 28.

Brockhaus, Riemann: *Musiklexikon in vier Bänden*, 1989.

Eberhard Freitag: *Arnold Schönberg in Selbstzeugnissen und Bilddokumenten*, Rowohlt 1983.

Hans-Werner Henze: *Komponieren in der Schule*, Schott Music 1998.

www.klassikakzente.de/hans-werner-henze/biografie

Martin M. Seifert: *Bühne frei für unser Schulmusical „Das kalte Herz"*, AOL-Verlag 2014.

Martin M. Seifert: *Lernzirkel Musik: Instrumentenkunde Klasse 5–6*, AOL-Verlag 2016.

Bildnachweis

S. 2:   Andreas Zauner

S. 18:   Fluxus: bpk / Staatsgalerie Stuttgart, Archiv Sohm / Hartmut Rekort

S. 19:   Arnold Schönberg Center

S. 20:   Rafael Gärtner

S. 24 o. l.:   Autograph Arnold Schönberg – op. 25: Arnold Schönberg „Suite für Klavier op.25"
              © Copyright 1925, 1952 by Universal Edition A.G., Wien/7627

S. 24 o. M.: Arnold Schönberg Center

S. 24 o. r.: Arnold Schönberg Center

S. 24 M. l.: Arnold Schönberg Center

S. 24 M. M.: Koalitionsschach: wird mit Genehmigung von Belmont Music Publishers,
              Los Angeles, verwendet

S. 24 M. r.: Privat über Arnold Schönberg Center

S. 24 u. l.: Arnold Schönberg Center, Fotograf: Richard Fish

S. 24 u. r.: Arnold Schönberg Center, Fotograf: Richard Fish

S. 35   Rafael Gärtner

S. 46   Rafael Gärtner